U0588354

名师名校名校长

凝聚名师共识
圆达名师关怀
打造名师品牌
培育名师群体

基于核心素养的小学体育规则意识的构建与教学实践

魏中礼 / 著

中国出版集团　现代出版社

图书在版编目（CIP）数据

基于核心素养的小学体育规则意识的构建与教学实践/

魏中礼著. — 北京：现代出版社，2022.3

ISBN 978-7-5143-9781-9

Ⅰ.①基… Ⅱ.①魏… Ⅲ.①体育课—教学研究—中

小学 Ⅳ.①G633.962

中国版本图书馆CIP数据核字（2022）第041847号

基于核心素养的小学体育规则意识的构建与教学实践

作　　者　魏中礼

责任编辑　张　璐

出版发行　现代出版社

地　　址　北京市安定门外安华里504号

邮政编码　100011

电　　话　010-64267325　64245264

网　　址　www.1980xd.com

印　　制　北京政采印刷服务有限公司

开　　本　710mm×1000mm　1/16

印　　张　10.25

字　　数　164千字

版　　次　2022年3月第1版　　2022年3月第1次印刷

书　　号　ISBN 978-7-5143-9781-9

定　　价　58.00元

版权所有，翻印必究；未经许可，不得转载

目　录

第四章　球类教学实践和规则意识的构建

第一章
体育规则意识研究的历程和成果回顾

2019年8月18—23日，我参加了山东省第四期齐鲁名师、第三期齐鲁名校长建设工程人选培养工作启动会暨第一次集中培训。本次会议引领名师名校长的专业发展，以科研引领，以课题研究为抓手，提升名师和名校长的个人业务，起到了引领示范的作用。会议上山东师范大学曾继耘教授专门做了课题方面的报告，细致而周详。当时暂定的研究题目是"核心素养下中小学体育课堂教学的有效策略研究"，题目大而空，研究范围广，不能聚焦落地实施。结合前期研究的意向和思考，借助当时讲座精神，我不断地反思。"雄关漫道真如铁，而今迈步从头越。"作为基层教师，针对每一节课堂能够信手拈来，而把课堂中出现的问题上升到理论的高度，刨根问源，不但要知其然，还要知其所以然。多年来，我沉浸于课堂教学，往往一个问题纠结许久，其症结的根本在于理论能力的缺失，长板不长，短板不足，如同瘸腿走平路，总感觉是地不平。本次会议聚焦难点和热点问题进行研究，以解决这个问题。2019年11月14—16日，"互联网+教育科研方法"专题省级工作坊现场会议（山东省曲阜市会场）在济宁学院第二附属小学举办。曾教授到场主持，于是我到会场就研究的困惑专门向曾教授请教，最终定为"基于学生终生幸福的小学体育课堂规则意识的行动研究"。2019年11月29日至12月4日，我参加了"嘉祥名师"和"特岗教师"高级研修班的培训。培训当时在武汉华中师范大学进行，我就所选题目与专门做课题研究的华中师范大学李教授进行了沟通，获得好评。

第四期齐鲁名师建设工程研修课题开题报告

一、研究目的、意义和价值

（一）理论意义

现代社会是一个充满规则的社会，任何社会个体与外界的交流都离不开规则的限制。规则化是任何活动有效进行的必要前提和最基本的保障，人们遵守规则的意识程度是一个民族的素质的重要特征，是一个社会文明与进步的标志。不论是家庭还是学校乃至社会，都是建立在价值观与规则之上的。价值观是一种认知思维取向，没有可视化的具体形态，只能通过家长、教师帮助孩子确立完善。而规则依托于价值观产生，是价值观的一种外在表现形式，规则可以约束人们的言行，并有衡量的标准。人类活动可以顺利推进社会的发展，在人类活动中规则具有不可替代性。在体育活动中也是如此，运用规则教育对学生进行体育教育，不仅能够帮助学生端正学习态度，使学生在学习的过程中学会运用公平获取自身的理想目标。同时，运用规则教育可以帮助学生塑造健康的心理品质、健康的心理意识，使学生具备健康行为、正义感和社会责任感，形成良好的社会公德，幸福生活一辈子。当前学校体育在规则教育与社会衔接方面尚有不小的缝隙，尤其是终身意识的养成期待补充与完善。本项目旨在对体育课堂中规则教育贯穿终身意识做出努力，主要体现在以下三个方面。

（1）探索具有学科育人价值的课堂教学，形成学生懂规则、守规则、懂得责任和担当，不断提高自身认识的教育过程，有利于提高教学质量，促使学生养成良好的行为习惯，提高社会适应能力。

（2）建构学科规则教育意识的诊断体系和"家、校、社"三位一体的规则意识教育，有利于丰富教学手段和评价机制，构建全社会的健康行为和规则意识。

（3）探索学科课堂教学中规则意识的诊断和机制，有利于丰富学科教学、挖掘学生潜力，使学生的规则意识内化于心，外化于行。

（二）实践意义

体育课是学生非常喜欢的课程，体育教师是和学生接触非常多的老师。利用体育教学渗透对学生的规则教育，可以帮助学生在平时养成按照规则办事的行为习惯，建立自觉遵守规则的意识，明确规则在人类活动中的重要性，提高遵守社会法规和社会公德的自觉性；使学生保持平静的心态参与生活中的各项竞争，直面挫折与失败。运用合理的、正当的、合法的竞争手段获取成绩，这对培养学生稳定的心理品质、社会责任感及积极健康的心理具有重要的作用。学校课题研究一直在关注学生规则教学和终身体育意识的培养，为避免各种目无法纪、不守规则的现象出现，做着不懈的努力。体育教育者在体育课堂教学中对规则意识的养成不断地进行探索和尝试，而规则教育中终身意识的研究必将对家、校、社"立体式""全覆盖"全民的素质发展发挥积极的推动作用。

1. 全面提升学生规则意识，促进学生身心健康发展

哈耶克曾道："人不仅是一种追求目的的动物，而且在很大程度上也是一种遵循规则的动物。"在体育教学规则意识培养的研究中，学生的规则意识进一步得到培养，这不仅有利于维持良好的课堂教学秩序，提高体育课堂学习效率，而且有利于培养学生遵守各种规则的意识，促使学生明辨规则，督行规则，走入社会以后他会遵守公民规则意识。规则教育在体育教育中有自身的特殊优势。进行体育锻炼的最终目的是提高学生的身体素质和心理素质。教学的过程中需要学生亲身实践，对自身身体素质和能力进行锻炼。在体育活动中，规则以一种以小见大的模式被社会和公众所了解，学生通过这种规则教育可以更好地适应社会。

2. 课堂教学更加丰富多彩

每一节体育课都要根据教学内容和教学目标的设定来进行，要求教学过程各个环节之间紧密衔接，形成统一的知识传授体系。若单独在课堂教学过程中加一个规则教育环节，则会破坏课堂教学的整体性。因此在对学生进行规则教育时，要遵循师生共同制定、平等践行的准则，根据教学内容的实际需要和教学目标的要求来渗透规则教育的内容，确保达到教育的目的。

3. 使体育教学更有实效性和前瞻性

学校体育教学目的是使学生身心都得到发展。体育教学与其他学科不同，教学模式是把活动内容与活动要求、意识与行为、理论与实践自然地统一起来，再要求学生付诸实践。学生用实际行动来体会规则教育的意义，从中领悟规则教育的思想内涵。这样，学生才能够真正地用规则来约束自己，让体育教学活动规范化、制度化，从而提高教学质量，进而以学生为切入点，带动和辐射全社会的规则意识。

4. 关注学生未来的社会适应能力发展有着重要作用

社会适应能力的发展可以通过多种手段获得，体育课程学习是重要途径之一。新课程标准明确将学生规则意识培养作为体育与健康课程标准的重要内容。在体育教学中培养学生的规则意识是切实可行的。规则教育手段不仅能够帮助提高学校的教学质量，同时也有利于帮助学生塑造较好的行为习惯，进而在遵守他律之后形成自律。

5. 以点带面辐射家、校、社"三位一体"的良好风气

学科教学始终把教育学生学会做人放到育人目标的重要位置，教会学生所应遵循的最起码的做人准则与规则，让学生掌握社会规则中最重要的品德、原则、责任等终身意识，促进其智能和人格的发展。

进一步实施"小手拉大手"相互影响的家校联合方式：从孩子做起，孩子是爸爸妈妈遵纪守则的小老师；同时，爸爸妈妈帮助孩子扣好人生第一粒扣子，做好孩子的榜样。为全社会的发展贡献一己之力，人人为我，我为人人。

6. 促进教师专业化成长和发挥教师的模范表率作用

教师是规则教育的实施者，是整个教育教学的主导者。体育学习中，教师遵守规则的意识，不仅有利于维持良好的课堂教学秩序，约束和控制妨碍学习的问题行为，而且有助于激发学生的学习潜能，引导学生参与到学习活动中，提高体育课堂的学习效率。在体育教育的规则教育中，教师只有以身作则，严于律己，才能施教于人。同时学生要想对体育教育活动有大致的了解，也需要教师的带头示范，通过教师的示范，对体育活动进行全面的了解。

二、国内外研究现状分析

党的十九大报告强调建设教育强国是中华民族伟大复兴的基础工程，要求全面贯彻党的教育方针，落实立德树人根本任务，发展素质教育，推进教育公平，培养德智体美全面发展的社会主义建设者和接班人。要以培养能够担当民族复兴大任的时代新人为着眼点，强化教育引导、实践养成、制度保障，发挥社会主义核心价值观对国民教育、精神文明创建、精神文化产品创作生产传播的引领作用，把社会主义核心价值观融入社会发展各方面，转化为人们的情感认同和行为习惯。教育部《关于全面深化课程改革 落实立德树人根本任务的意见》中提出了要加快核心素养体系建设，定义了核心素养是指学生应具备的适应终身发展和社会发展需要的必备品格与关键能力。核心素养是可培养、可塑造、可维持的，可以通过学校教育获得。体育品德是体育学科核心素养的三大内容之一，它同运动能力、健康行为一起构成体育学科核心素养的最重要内容，而规则意识是体育品德的基本属性之一。在体育课中渗透规则意识，有利于维持良好的课堂教学秩序，约束和控制有碍学习的不良行为，引导学生从事积极高效的学习活动。让学生形成规则意识是体育教育的基点。因为没有基本的规则意识，学生日后离开学校走向社会，就会导致社会管理秩序的失陷，明规则衰败、潜规则盛行。习近平在全国教育大会上的讲话中强调，要树立健康第一的教育理念，开齐开足体育课，帮助学生在体育锻炼中享受乐趣、增强体质、健全人格、锤炼意志；要求加强学校体育的开展，保证学生得到健康发展。

我通过中国知网（CNKI）检索关键词"规则教育、终身意识"，时间跨度是1979—2018年，选中的数据库为"中国优秀硕士论文全文数据库、中国博士学位全文论文库数据、中国期刊全文数据库"，检索范围是"教育与社会科学"。总共检索结果是694条。通过整理分析和筛选，共得到"规则教育"论文88篇，"规则意识"优秀论文14篇，国外文献共计153条，另外，参考了关于规则教学的专著等。国内外对于规则教育终身意识的研究还不是很多，特别是国外的研究，更是少之又少。这些研究大致可以分为以下几类：规则教育的偏失及匡正，规则意识的培养，规则教育的价值与开发，规则教育和意识的困境与突破。

1. 规则教育的偏失及匡正

当前我国中小学规则教育存在的功利化、异化与泛化的偏失现象，不能不引发我们的密切关注与高度警觉。规则教育是个体认识社会、了解社会并融入社会的初始，是促进个体社会化不可或缺的重要环节。冯永刚在《中国德育》2015年第7期中阐述：规则只有被个体所接纳、理解和执行，规则教育才能发挥其用。学生对规则认同并将其植根于心，这是有效规则教育的基本条件。为此，一方面，要培育学生对规则的认同心态，强化规则教育的亲和力，影响学生对规则的认同态度，营造轻快、愉悦、融洽的规则教育氛围。另一方面，教师要给予学生参与制定规则的权利，尊重学生的意愿，倾听学生的心声，让学生在民主参与中掌握规则的精髓，进而敬畏规则，增强学生执行规则的自主意识和自律行为，引导学生自己生成规则。增进自主观念与自律意识，推进规则教育质的提升，为趋达"从心所欲不逾矩"的发展层次与境界迈出坚实有力的步伐。

2. 规则意识的培养

一个人的规则意识与行为是和青少年时期受到的教育密不可分的，特别是学校体育教育对人的规则意识培养至关重要。合肥高铁扒门事件、重庆公交坠江事故，令人感慨痛惜。很多时候，要让公共安全的"车辆"免于失控，最关键的还是让规则意识的"方向盘"不失控。体育对培养学生规则意识的作用无可比拟，规则意识的培养要从人生的第一节体育课的第一分钟开始。

3. 规则教育的价值与开发

学生在学校教育中的教学主体地位日益突出，学生个人能力和综合素质的培养与提高，受到了越来越广泛的重视和关注。如潘春江在《论体育教育中的规则教育及其价值》中说：体育教育作为学校素质教育的重要渠道，必须承担起相应的教育职责，体育教师在做好本职体育教学工作、增强学生身体素质的同时，要积极开展规则教育，以端正学生的思想态度，深化学生对竞技体育精神和公正公平理念的认识，从而增强学生的正义感，培养学生良好的心理素质，促进学生身心的健康成长。与其他常规学科相比，体育教育的规则性、交往性、实践性特征更为突出，故而在体育教育中开展规则教育更具有优势。

4. 规则教育和意识的困境与突破

规则教育是中小学教育中必不可少的内容，对于学生的身心健康发展以及个体个性化与社会化都具有重要作用。辽宁师范大学教育学院张帅教授认为，当今中小学在实施规则教育过程中面临着多重困境，具体表现为：规则教育主体的偏移、互惠性规则教育原则的偏离以及规则意识教育的偏失。要想突破中小学规则教育的困境，应该采取以下措施：明确规则教育主体，提高全教学过程指导效能；树立规则互惠观念，促进他控向自控积极转化；构筑家庭、学校、社会三位一体模式，优化整合教育合力。

通过以上国内外现状的分析不难看出，现在国内很多学者和一线的体育教师已经关注到了这个问题，并对规则教育如何开展提出了不少建议和策略，但对小学体育规则意识的研究尚处于单一的方面，尚未提出较为系统并切实可行的案例和策略。

三、核心概念、研究内容和框架

（一）核心概念界定

（1）规则。新华汉语词典定义为："规定后大家共同遵守的制度或章程。"体育规则指的是由人们制定出来，要求大家在体育活动中共同遵守的准则，主要是指与体育行为有关的各种规范，如体育比赛时的比赛规则；体育游戏时的游戏规则；体育课堂中的各项规章制度和各种规范等。

（2）意识。《马克思主义大辞典》："意识是物质发展到一定阶段的产物，是高度发展、高度完善并高度组织起来的物质——人脑的产物。"《当代西方心理学新词典》："人与动物心理区别的根本标志，是人最高级最主要的反映形式，是人自觉的认识、体验和意志等心理活动的总和。"

（3）规则意识，是指发自内心的、以规则为自己行动准绳的意识。规则意识是现代社会每个公民都必备的一种意识，

除了2018年合肥高铁站女子高铁扒门事件、重庆公交车坠江事件引发社会关注外，有关媒体也对"霸座"之类事件及每年各类安全事故进行了报道。在学校里，经常出现学生不遵守纪律、同学之间发生矛盾纠纷的现象；在校外，没了教师监督，学生更是忘记了《小学生守则》和《小学生日常行为规范》，经常发生不良行为或不道德行为。为什么社会上会屡屡出现成年人目无法纪、不守规则的现象？卢梭曾精辟地指出："人是生而自由的，但却无往不在枷锁之中。自以为是其他一切的主人的人，反而比其他一切更是奴隶。"一个人的规则意识与行为是和青少年时期受到的教育密不可分的，特别是学校教育对人的规则意识的培养至关重要。体育与健康课程学习是其中最重要的途径之一。规则在体育中出现得很多，主要是与体育行为有关的各种规范，如体育比赛时的比赛规则，体育游戏时的游戏规则，体育课堂中的各项规章制度和各种约定俗成的规范等。换言之，所有和体育运动有关的活动均与规则相关联，这是由体育的特性所决定的。在体育学习中培养遵守规则的意识，不仅有利于维持良好的课堂教学秩序，约束和控制有碍学习的行为，而且有助于学生的健康安全生活习惯的养成，能够激发学生的正确学习习惯和引导学生从事积极的学习活动，提高体育课堂学习效率，增强学生的社会适应能力，使学生养成终身的生活规则意识，这也是体育与健康课程标准的重要内容。

基于以上具体的教学现实问题，我们尝试着进行了该课题的研究，明确了将学生规则意识培养作为体育与健康课程标准的重要内容，在体育教学中培养学生的规则意识是切实可行的。规则存在于我们的生活中，与我们的生活息息相关，在中小学教育阶段，加强学生规则意识的培养是非常重要的。在体育教学中渗透规则意识，帮助学生形成良好的习惯，有助于学生规则意识的形成，健康行为的落实。同时，渗透规则意识的教育和研究，可以进一步促进体育教学质量的提高，让教师掌握更加具有教学价值的教学方法，并进一步促进体育教育事业的发展。在体育教学规则意识培养的研究中，学生的规则意识进一步

得到培养，会让教学中的课堂环境更加有序，更加便于教师的教学。总结分析体育教学中学生规则意识培养的实践经验，探索总结出培养小学体育规则意识的教学方法，使学生从小养成良好的行为习惯，培养学生会学习、会生活、会做人。只有让规则意识贯穿于生活的点滴之处，才能培养学生具有健全人格和强健体魄，让学生在快乐中学习，健康幸福地成长。

（二）主要目标

（1）科研目标。进一步优化资源，在小学体育教学中，在对学生规则意识培养的研究过程中，探索出适合小学体育教育、符合学生身心发展特点、反映小学生规则意识教育重要性的小学体育教育方式方法，为学生的终生幸福生活打下良好的规则意识。

（2）理论与实践相结合，探索出适合农村中小学现状的全面提高学生素质的新思路和新做法，转化体育教师个人思想，具体到课堂教学中的每一个单个技能和单元技能的教学，挖掘小学体育教育在学生遵守规则的意识养成、践行学习"规则"、社会道德基本素质形成性方面的具体体现。合理优质配用，遵循科学的发展观，全面提升师生观念意识。

（3）工作目标。更新教师教育理念，教师以身作则，率先垂范，努力用自己的模范行动影响和激励学生，真正实现教与练的和谐统一，培养学生的规则意识。坚持教育以人为本，面向全体，以训练为主线，培训出一支素质高、责任心强、业务水平过硬的教师队伍；总结分析小学体育教学中学生规则意识培养的实践经验，探索总结出培养小学体育规则意识的教学方法。以体育学科教学为突破口，牵动所有学科的教学改革，教师人人有研究、人人有课题，带着研究的目光审视自己的教学，立足课堂搞教研，围绕学生促生成，促进自己专业成长。

（三）总体框架，重点难点

（1）本课题涉及的规则意识是指在体育课堂和教研上的规则意识。针对小学生规则意识的实际情况，从小学生身心发展特点与小学生个性化需要出发，在小学体育教育中培养学生的规则意识。通过在课堂中的体育游戏、体育比赛等，不断渗透深入规则意识。通过教师督促学生认识规则的意义，自觉遵守规则，学会自我控制，承担违反规则的后果。在活动中引导学生从被动遵守规则向自觉遵守规则转变，提高规则意识、深化规则意识。体育课认真渗透规则教育，是对学生进行品德教育的重要途径。

（2）本课题的研究，一是要帮助"学科个人"诱发工作热情，形成良好形象，练能于技，从而激发他们的工作积极性；二是要让教师把握有效策略和规则意识的教学规律，并运用这种规律做好规则意识教育创新教研工作。既提高个人技能，又能更好地提高教学效率，丰富课堂学习感受。

（3）在小学体育教学中对学生规则意识培养的研究中总结分析得出培养学生规则意识的科学教育方法。同时，在实践探析过程中促进小学生规则意识的形成，遵守规则的行为养成，从而促进小学生良好社会品质的养成。创造体育学科规则意识的新模式、新的教学策略，以体育学科为突破口，挖掘师师之间、师生之间、生生之间的有效策略，尝试培养多学科教师的规则意识，形成齐抓共管抓教研的教学氛围。

四、研究思路与研究方法

（一）思路方法

本课题研究的理论假设、研究方法、研究计划、实施步骤、研究的可行性分析等如下。

（1）教育学生要懂规则，明确建立规则的意义。现实世界中为什么要建立规则，建立这些规则的目的是什么？有什么现实意义？这是教学中首先应该让学生弄清楚的问题。

（2）帮助学生建立规则意识，学会适应有规律的生活。教学活动中积极利用体育教学的独特优势，帮助学生养成与建立规则意识，每做一件事，每参与一项活动，都要清楚有什么规则，清楚平时的行为中哪些是文明的，合乎社会规范的；哪些是违规违纪的，甚至是违法的，是必须坚决禁止的。

（3）教育学生遵守规则，学会合理使用规则。加强规则教育的落脚点是让学生懂得自觉遵守规则并学会合理使用规则，规则制定以后，只有每个人都去规范地执行，才会产生强大的规则效应，使规则的作用得到最大限度的发挥，这是人类社会发展及人类文明进程所期待的。

（4）通过规则教育，使学生学会制定规则。学生在理解规则、熟悉规则、使用规则的基础上，学会制定规则是渗透规则教育的最好方法和最高境界。世界是规则下的世界，但同时规则也是由人制定的。在学校开展的各项竞赛活动中都可以让学生自己制定规则，大到各项竞赛，小到班级活动。待规则比较齐全合理之后再加以讨论完善并模拟实践，在实践过程中检查疏漏与不足并进行合理改进和完善。学生参与的过程就是制定规则的过程，约束自己的过程，更是接受规则教育的过程。学生直接参与各项规则的制定，有利于提高学生遵守规则的意志力与自觉性。

（5）从身边的小事做起，从我做起。由小及大，由近及远，培养学生以身作则，遵守班级学校的规章、纪律；发挥体育课的主导作用，把培养学生的规则意识作为一项素质教育内容来抓，使学生遵纪守法；始终把教育学生学会做人放到育人目标的重要位置，教会学生所应遵循的最起码的做人准则与规则，教育的理想目的是创造自我控制的力量。让学生掌握社会规则中最重要的品德、原则、责任，促进其智能和人格的发展。

"一切为了学生，为了学生的一切。""以发展的眼光教书育人。"在这些理念的指导下，关注"规则意识"的效果，创设多样性的教学方法和策略，切实落实以教师为主导、学生为主体、训练为主线的主体思想，进一步优化教学资源，拓展教学途径，实现优质共享。以体育学科辐射全学科规则意识，本课题的研究有着明显的现实意义。

（二）研究方法

（1）文献研究法。理论研究主要以文献法为主，在全面把握课题的现状和专题的基础之上，着眼于目标，充分利用已有的文献成果，掌握国内外学者小学生规则意识培养实践研究方面的成果及进展，寻找本课题新的研究内容和研究切入点，避免重复研究。将课题分解成若个小课题进行专题研究，收集有关资料，整理、分析、建立档案，为研究提供参考依据。

（2）实践研究法。针对小学生规则教育现存的问题，在实践中有效实施、有效调整，总结经验，不断探索、改进和解决实际问题。通过教学实践，以理论指导实践，以实践考察理论，探索出规则意识策略。

（3）教育调查法。通过访谈和问卷调查发现当前师生中教学存在的诸多问题，为下一步研究奠定基础。

（4）观察法。观察小学生在体育课堂中的情况，记录、整理、分析、归纳成资料。

（5）比较研究法。学期初对参与教师和班级进行确定，课题组进行综合评定，对科研的情况进行认定；对样本班级公平、公正、科学、合理。

（6）经验总结法。重视资料积累，按研究内容写出阶段性总结，进行归纳整理，便于成果的推广。

在研究中强调重点和特色，重在形成管理和操作体系，在具体的实施步骤上分层、分步、分块，循环进行，遵循多样性、实际操作性、发展性的原则。

五、预期研究成果与创新之处

成果形式：以课堂实录、具体技能和单元教学规则意识贯彻点分析汇编、案例，总结本课题的研究报告、论文，等等。课题可以为致力于小学体育课堂教学的研究者提供参考，为同行提供规则意识教育指导。教育可以研究，行为可以重复，唯有教育的初衷不变——一切服务于学生。数据可以复制，但生命不可复制。所有教育行为都要以尊重生命、关爱个体为根本立足点和出发点，以教育者特有的良心与责任，对受教育者进行深切的人文关怀。我们研究体育课堂的规则意识和创新，细化每一个教学环节，挖掘内在的潜力，有效分享每一刻，梳理体育课堂的有效点，并将其落实到每一节课堂教学中。"让每一个环节都精彩"应成为当下教育追求的境界，只有让每节课都绽放得精彩，学生才有可能真正发展。以体育学科为突破口，实现全学科的规则意识培养。

创新之处：本课题与已有同类研究相比，在思想观点、研究方法、教育教学实践等方面有特色和创新。

（1）"师、生、家三位一体"规则共建。办好人民满意的教育，规则由教师和学生共同商议，以赢得学生的理解和认同，使每一个学生都有同等的机会，反映学生的心声，让学生在民主参与中掌握规则的精髓，进而敬畏规则，增强学生执行规则的自主意识和自律行为，引导学生自己生成规则，征求家长的建议。有些人用各种办法尽量把少年"控制住"，不让他离开自己，怕他一旦单身独处时，就会在坏榜样和各种诱惑面前站不住脚。本课题涉及的体育教学中的规则意识教育，不仅体现在师师之间、师生之间、生生之间的规则意识，更涉及有利于学生身心发展的诸多教学因素之间的规则意识，与社会和家庭紧密联系。探索各个活动技能新的锻炼价值，提高学生的健康意识，进一步提高教学质量。通过本课题的研究，使每一节课展现生命的活力，绽放精彩。

（2）规则由师生共同完善。《中共中央 国务院关于进一步加强和改进未成年人思想道德建设的若干意见》指出：要依据不同年龄段学生的特点，抓紧修订与完善中小学生守则和日常行为规范。我们共同建立的规则是在所有涉及人员的自由、平等、自愿的基础上的产物。营造"规则大家建、大家来完善、大家守规则"的氛围。通过教学有效组织实施、教师激励性的评价等反复的过程将遵守规则内化为学生的无意行为意识，促进学生的规则意识渗透在生活实践中。把外部的行为准则和内部的自我要求有机地结合在一起，提升学生的归属感和责任心。努力探索运用规则意识对学生进行健康安全生活习惯养成的实践途径。

（3）规则由师生共同打破。当共同制定的规则出现纰漏或不当，不能与时俱进时，可以尝试重建规则。规则不是一成不变的，而是不断丰富、发展、完善的。现实中也有许许多多的规则随着生活的需要而不断完善。不破不立、不墨守成规，根据社会的发展做出相应的改变。

（4）规则要有家国情怀。从小树立家国大局认识，铺设家国理想信念。让规则意识深深扎根于学生心中，使他律变成自律。将体育资源优势充分融入思想道德教育、文化知识教育、社会实践教育各环节，以"冠军精神"引领人、"体育精神"塑造人、"志愿精神"培育人，使学生把个人价值实现与体育强国建设紧密联系起来，帮助学生在体育活动中享受乐趣、增强体质、健全人格、锤炼意志，培养立志报国、努力奋斗、服务人民的家国情怀。

本研究的创新之处如图1-1所示。

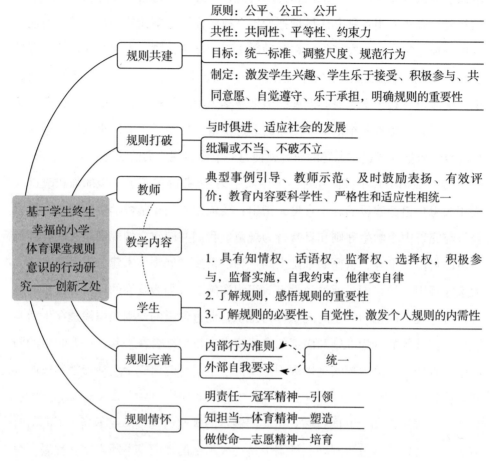

图1-1　基于学生终生幸福的小学体育课堂规则意识的行动研究——创新之处

六、研究进度安排

（一）前期研究阶段（2019年4—12月）

2019年8—9月

成立课题组，明确分工，收集整理相关文献资料，进行开题论证，制订课题研究方案，完成开题工作，详细落实开题报告。

阶段成果：课题申请书、课题研究计划。

2019年9—12月

对学生现状进行分析，与学生座谈交流。对学生规则意识和行为习惯情况进行反馈，举办小学生守则、学生行为规范养成教育知识讲座。课题组成员对阶段性研究成果进行座谈、研判、反思，探讨体育课中渗透规则教育的研究开展情况，为下一阶段做好相关准备工作，完成阶段性小结。

2020年1—2月

参与研究教师对样本班级师生进行调查（问卷、座谈会、听课、抽测），明确存在的问题和解决策略。

研究方法：教育调查法。

阶段成果：调查报告。

（二）实施研究阶段（2020年2—12月）

主要通过在小学体育课中渗透规则意识的研究实施过程中的突出问题反思方案研究的科学性、有效性、可行性。内容包括学生遵守小学生守则情况，学生学习和生活中行为习惯养成情况，学生规则教育和规则意识重要性的认识；能否使学生养成自觉遵守规则，积极倡导和宣传良好行为规范。在规则制定中赋予学生知情权、话语权、监督权、选择权等权利，本着公平、公正、公开的原则，选择科学性、严格性、适应性的规则教育教学内容，使学生在增长知识的同时，学会做人、学会做事，明确责任和担当，进一步提高自身素质，培养规则意识，形成健康行为和习惯。课题组成员对阶段性研究成果进行座谈研判反思，探索在小学体育课中渗透规则意识的研究的有效方法和措施，完成阶段性小结。

（三）总结阶段（2021年11月—2022年2月）

分析材料和数据；完成各小课题的结题报告；接受课题的评估和验收；整理成果，进行推广和出版。

（1）对参加实验的样本进行相关测查和评定，采用观察、访谈和书面问卷测查、成绩测试等方式，家长、教师、同学三方评定学习情况。

（2）实验教师对所教班级学生的学习习惯、身体素质、技能等级、健康行为、锻炼价值和健康意识、学习效率进行调查、统计，并与实验前的学生的学习习惯、身体素质、技能等级、健康行为、锻炼价值和健康意识、学习效率进行对比分析，撰写研究报告、个案分析、研究论文。

（3）整理课题研究资料及课题结题准备。进行课题研究情况总结、交流，征集成功的教育教学案例；撰写结题报告和课题研究论文。

（四）研究方法

个案研究法、比较研究法、经验总结法。

（五）成果形式

课题总结报告。

七、研究组织分工

本课题主要参与人员及分工如表1–1所示。

表1–1 本课题主要参与人员及分工

	姓名	出生年月	专业职务	研究专长	学历	学位	工作单位
主要参加者	贺敬伟	1984年10月	二级教师	案例研究	本科	学士	嘉祥县卧龙山街道中心小学
	田利成	1976年3月	一级教师	案例研究	本科	无	嘉祥县曾子中英文学校
	柴海腾	1992年2月	二级教师	案例研究	研究生	硕士	嘉祥县第一中学
	孔祥浩	1984年5月	二级教师	行动研究	本科	学士	嘉祥县实验小学
	杨文建	1992年4月	二级教师	行动研究	本科	学士	嘉祥县实验小学
	张科源	1993年7月	二级教师	案例研究	本科	学士	嘉祥县卧龙山街道明德小学
	李建军	1978年1月	一级教师	案例研究	本科	无	嘉祥县第四中学
	任现伟	1989年7月	二级教师	行动研究	本科	无	嘉祥县马村镇中心小学

八、研究保障措施

（1）参与该课题研究的课题组成员年轻，思想意识新，具有多年的教育科研经验，在基础教学改革中做出了一定的成绩。课题组成员业务素质过硬，有较高的教育科研工作热情，对该课题的研究具有浓厚的兴趣，对实施该课题的重要性、必要性和可行性已进行了大量的前期研究工作，并潜心钻研教育学、心理学、统计学等理论知识，这些都为该课题的研究工作提供了充足的保障。

（2）该课题的研究有一定的研究基础，课题组中的每人都参与了以前的课题研究工作，取得了初步的成果，得到了上级部门的支持和认可，为该课题的研究打下了良好的基础。

（3）学校具有较雄厚的经济实力，领导重视、支持教育科研，研究经费和资料设备有充足的保障。建立了专门的课题研究办公室，以名师工作室牵头。此外，学校的资料室、电教室、图书室已组成了专门的课题服务小组，图书、报刊、电子读物等藏量丰富，为教师们查阅有关资料和学习研究提供了方便。

（4）学校有专用经费用于聘请专家教授来校讲座、调研，并对学校教师进行业务培训。另外，学校与市县教研室等部门有密切的联系，这些单位的领导、专家对学校教育科研及该课题的研究工作非常关心，经常给予指导和帮助。

九、导师评价及反馈建议

（1）进一步梳理规则意识在体育课堂教学中的实践应用，形成知识理论。

（2）对子课题或主要研究方向进一步细化、定位。

（3）在参考文献的运用上涵盖所有引用的主要观点、论据。

（4）明确课题研究内涵，细化规则意识与教学内容的一致性，形成层次分明的具体做法体系。

（5）针对课题提炼研究成果，将研究成果以多种形式呈现出来。

（6）对课题规则意识的构建提炼清晰的框架、评价标准、教学模式等。

根于斯　立于此

——第四期齐鲁名师建设工程人选届中考核工作总结

我作为山东省第四期齐鲁名师工程建设人选培训对象，一路走来，有汗水、有喜悦，更多的是收获和体会。在这期间，我积极参加省教育厅为齐鲁名师量身打造的所有培训，坚持"引进理念—课堂研读—工作活用"的学习方式。心艺体导师团队以鲜活的实例、丰富的知识内涵、精湛的理论诠释、解惑并醍醐灌顶，引领发展提升。学习的内容更多的是如何做学问、做良师、做人师的道理。我把所学的理论知识付诸实践，做了如下工作。

一、教育教学扎根一线

自进入培养周期以来坚持在教学工作第一线，能够积极完成个人承担的教育教学任务，做好整个街道少先队的辅导工作、街道教研室教研员常规工作、协调好街道13处小学音体美教师走教工作，每周任课16节，忙并快乐着！教育教学成绩一直名列前茅。

二、学习研修历练成长

（1）按时参加省项目组织的所有现场研修活动。

2019年8月18—23日，参加山东省第四期齐鲁名师、第三期齐鲁名校长建设工程人选培养工作启动会暨第一次集中培训。

2019年9月24—28日，参加2019年扶贫工作重点村（教学点）校长和骨干教师培训项目集体备课会。

2019年11月1—2日，参加山东省第三期齐鲁名校长、第四期齐鲁名师建设工程课题研究专题培训。

2019年11月14—16日，参加"互联网+教育科研方法"专题省级工作坊现场会议（曲阜会场）。

2019年11月29日—12月4日，参加"嘉祥名师"和"特岗教师"高级研修班培训。

2019年12月29日，参加山东省第四期齐鲁名师开题论证会。

2020年10月23日—11月1日，参加国培计划（2020）体育美育骨干教师教研员培训。

（2）按时参加各群组开展的线上学习交流活动。

2020年11月4—6日，参加山东省"互联网+教师专业发展"工程省级专家团队高级研修班学习。

2020年12月1—31日，参加山东省"互联网+教师专业发展"工程资源库建设。

2021年1月24日，参加山东省"互联网+教师专业发展"工程省级工作坊主持人全体会议。

2021年3月17—18日，参加山东省"互联网+教师专业发展"工程（3月）省级工作坊同步在线培训会议。

（3）自费订阅了体育教学杂志，精读了名师培养指定和自己认为对学科教学有帮助的近10套书籍，形成了一定数量的读书笔记和教育随笔，近期将整理上传。

（4）修改并严格落实个人发展规划，进一步规范课题研究，并在实践中检验。

在前期制定三年规划的基础上，进一步修正并严格按照规划开展学习、研究。根据课题"基于学生终生幸福的小学体育课堂规则意识的行动研究"，随着课题研究的深入，把规则意识逐渐融入课堂教学中的点点滴滴。从一年级入学初的学会倾听和正确的表达入手，将教学要求和规则解读结合社会现象进行讲解，使学生学会尊重并明确体育课堂中恰当的表达和合作，由课前常规、课中常规、课后常规教学等过渡到理解规则意识的重要性，先规矩后习惯，先认识后实施遵规。期间学生经历了由认识—理解—探究—敬畏规则过渡到共建—辩证—演练—改进—共识的过程，形成有一定价值的教学论文，使课题研究更好地服务于课堂教学。

三、示范带动，青蓝同辉

（1）通过名师工作室带动和对口学校结对等方式，完成5～8名青年教师的培养指导任务。

作为济宁市首批小学体育名师工作室主持人，充分发挥主持人的示范带动作用，带领工作室成员多人获奖。

其中，陈川获济宁市优质课一等奖；夹书滨获嘉祥县第五批"嘉祥名师"；张科源获嘉祥县"创新教学能手"；刘兰宾、任现伟获嘉祥县优质课一等奖；高范范、贺敬伟做街道公开课；司崇奎在山东省"互联网+教师专业发展"工程做同步在线公开课1节。

（2）积极参加上级教育部门举办的公开课、示范课等学科教研活动。

2019年10月，嘉祥县小学体育与健康观摩课"前滚翻交叉腿转体180°"1节。

2019年12月，山东省"互联网+教师专业发展"工程"体育与健康"省级工作坊现场公开课"侧向投掷沙包"1节。

2021年3月17日，山东省"互联网+教师专业发展"工程同步在线公开课"武术——少年拳前4节"1节。

（3）通过讲座、送教下乡等方式积极参与"互联网+教师专业发展"工程专业指导、志愿者和省级教师培训等活动。

2019年10月，在线观摩课后做专题讲座《如何围绕教材教前瞻性体育课》。

2019年11月，到菏泽市东明县做讲座《教师如何进行教学反思》。

2020年12月，对口小学——嘉祥县满峒中心小学示范课1节，专题讲座《做有情操的坚守者》。

（4）省工作坊平台。

定期向个人网络工作室和主持人工作坊上传材料，分享教学心得、策略。2019年度积分超过4000分，2020年度积分超过1500分。

课题研究促提升

——第四期齐鲁名师建设工程人选届中考核课题中期报告

在导师的不断指导下，我的课题"基于学生终生幸福的小学体育课堂规则意识的行动研究"——以嘉祥县卧龙山街道走教的两处完全小学为主，其余完全小学为辅的研究基本框架已经初步形成，聚焦学科问题，就研究的题目在导师们的推敲下，进行了如下改变：名称改为"基于核心素养下的小学体育规则意识的构建与策略研究"。现就研究以来的进展情况汇报如下。

一、主要进展情况

（1）明确目标：提炼教学中的问题。

结合学生身心发展特点探索出在小学体育教学中对学生规则意识培养的插入点和教育方式方法，以及影响学生规则意识形成的家庭、学校和社会文化因素有哪些，并寻求相应的对策。

（2）方案准备阶段（2020年9—10月）

针对现状确立实施方案，制定研究目标，完成课题实施方案的科学规划。

（3）方案实施阶段（2020年11月—2021年3月）

依据实施方案进行研究、分析、资料积累，不断完善实施方案，撰写阶段性计划总结，完成课题前期、中期调查问卷，得出规则认知、规则情感、规则意向三个维度样本的真实数据。从学科教学的角度总结出学生相应年级心理发展与规则意识的结构维度，探索出不同水平段学生规则形式及做法、教学途径等。进行阶段性成果展示。

二、阶段性成果

（1）2020年12月课题组成员陈川获济宁市优质课一等奖。

（2）夹书滨获嘉祥县第五批"嘉祥名师"。

（3）王秀珍申报济宁市"十三五"2020年度课题"基于后疫情时代小学体育规则意识教育的研究"立项，课题编号2020NG147。

（4）魏中礼所撰写的论文《核心素养理念下小学体育规则意识的创新策略》在《学习方法报》上发表。

三、主要创新点

（1）探究规则意识和小学教学内容的有效结合点。

（2）探究家校联动，促进规则意识提升的有效策略。

四、问题、不足及措施

（1）本课题具有很强的实践性，要求在平时的教学实践中，将某些现象、想法、感受及时总结、提炼，并上升至理论层面，但我在这方面有时不能做个有心人，未能及时完成书面记录与总结。

（2）少数学生虽然在思想上有了认识，但在具体实施过程中仍然有一定的畏难与懒惰情绪，不能持之以恒地坚持学习。

五、下一步计划

在下个阶段的研究中，我将继续遵循最初的课题研究思路，围绕前阶段遇到的问题展开研究。

（1）以常规教学促进规则意识养成。

（2）研究不同学段教学内容及规则意识的渗透策略。

（3）探究规则意识教学中的评价。

总之，我在导师的引领下筑梦前行。专业成长路上将永远充满挑战，这条路永远只有行走的过程，而没有既定的终点。不问前程如何，但求落幕无悔。

儿童规则意识的结构与行动研究：在参阅文献和调查的基础上，课题组将规则意识界定为个体对社会行为准则的认识、体验和遵循意向等心理要素的总和；设想规则意识由规则认知、规则情感、规则意向三个维度组成。为验证规则意识三个维度的合理性，课题组编制了调查问卷并分析样本数据（见表1-2）。

表1-2 规则意识三个维度调查问卷统计表

维度	调查人数	有效问卷	平均分数	样本及含义	结论
规则认知	620	585	8.24	个体对日常生活、学习和社会交往中各种规则的认识与理解、评价等。例如，我认为向别人承诺的事就应该做到	总体而言：被调查者规则意识较强。社会环境的变化是外在原因，个人自控能力和自律性差是内在原因，教育的缺失是直接原因
规则情感	620	585	7.72	个体对规则重要性及遵守规则的各种心理体验和态度倾向。例如，我对不守规则人的态度	
规则意向	620	585	7.86	个体在现实情境中按照规则行事及付诸实践的打算。例如，向别人承诺的事总是想着去完成	

通过对比数据和分析可知，家庭、学校和同伴等宏观社会生态与微观环境对身处其中的儿童的规则意识的影响是较为明显的。

为此课题组成员从学科教学的角度结合学生相应年级心理发展与规则意识的结构维度，科学地做出如下尝试（见表1-3、表1-4）。

表1-3 相应年级心理发展与规则意识的结构维度

年级	心理特点	健康目标	主要规则意识及部分例子	影视资料支持
一年级	独自进入新环境，心理没有进入断乳期，敏感、易接受新生事物，有一定的社会责任感	适应新的环境、新的学习生活，乐于与教师、同学交往，初步建立人际关系；认识角色任务，培养积极乐观的学习情趣，建立良好行为习惯	1.善于倾听——游戏规则只讲一遍等。2.仪态优雅，符合运动——运动服装要求等。	1.《世界上有一种东西叫规则》（2018.7.17）。2.《疫情之下的思想政治课规则教育》（2020.2.18）

续 表

年级	心理特点	健康目标	主要规则意识及部分例子	影视资料支持
二年级	心理渐趋稳定，做自己想做的事情，出现竞争意识，敢于表现	感受集体活动与学习知识的乐趣，形成初步的集体荣誉感；在好行为、好习惯的训练中培养"做一个好学生"的意识；学会体谅他人，诚实待人	3.尊重他人，不打断别人的话——表达发言的时机。4.学会正确地表达——让孩子学会表现自我、传达热情，教孩子敢于站出来、敢于唱出来，敢于说出来，学会如何争辩。5.均衡饮食——家校良好的饮食要求。6.规律睡眠——家长以身作则。	3.儿童交通规则教育与儿童安全交通标志视频（2020.3.1）。4.运动中不守规则的危害——健康教育课。5.各年级不同运动项目的规则要求——健康教育课。6.不守规则的名人失败的事例，遵守规则的名人事例。7.《千万远离那些不守规则的人》腾讯视频。
三年级	外向性——活泼、开朗，行为多变好动，初步懂得趋利避害，推崇有力量的英雄，具备一定的观察能力，表现出创造力倾向	求知欲较强，加上空间和时间概念的模糊不清，培养集中注意的能力，萌发集体意识，树立正确的偶像观，全面学习作为普通人应该掌握的教养和习惯		
四年级	处于向青少年过渡的儿童期的后期阶段，是改变不良习惯的关键时机，意志发展开始从他律向自律过渡，具体形象思维向抽象逻辑思维过渡	开始具有自觉克服困难的意志，有自己的独立想法，辨别是非的能力还极其有限，社会交往缺乏经验，易产生焦虑，需要引导。孩子开始从被动的学习主体向主动的学习主体转变，孩子自身心理和能力的发展都会表现出比较明显的学习分化现象	7.快速记住别人的名字——快快站队、一切行动听指挥等。8.遵守秩序。9.真诚的目光交流。10.学会协商。11.勇于承认错误。12.善于称赞、鼓励他人。	8.课堂教学中的课前、课中、课后常规要求。9.各种技能教学的规范与要求。10.游戏的规则与方法的执行力。11.规则共建与改进。12.针对每学期15个左右的固定教材游戏进行与时俱进的拓展。以学生规则意识的发展为主线，改变规则和要求，改变形式和方法。
五年级	竞争意识增强，产生敬佩的心理，独立能力增强，能自己组织团体活动，初步理解相互尊重	增强学习技能训练，培养良好的智力品质；引导学生树立学习苦乐观，激发学习的兴趣、求知欲望和勤奋学习的精神；培养正确的竞争意识；鼓励参与社会实践活动，提高做事情的坚持性，建立进取的人生态度，促进自我意识发展	13.遵守诺言，不找借口——游戏"我们都是木头人"，定了规则，就要坚持下去，让孩子按照协议行事。14.为自己负责，学会自理。15.学会换位思考。16.学会分享和协作。	13.各年级适当选择不同的规则意识发展设置不同的要求，力求有规则引领，逐步转化为个人行为习惯。

续 表

年级	心理特点	健康目标	主要规则意识及部分例子	影视资料支持
六年级	处于少年心理向青年心理的过渡期，除了注意事物外表的形式之外，更注意对事物的分析和主观体会，对很多问题都可以做出自己的回答。记忆力迅速增强，学会讨价还价。团体意识很强，在集体活动中可以为了大家而牺牲自己的意愿和要求，但是由于不能清楚地区分自己和集体的关系，常常为了团体的利益冒险	学会合作承担力所能及的责任。确立学习目标，掌握正确的学习方法，学习如何有效地利用学习时间，获取"一分辛勤，一分收获"的愉悦感；形成正确的集体意识及友谊观，克服不良的小团体意识，培养面临毕业升学的恰当态度；进行初步的青春期教育	17.有自己的主见——培养自我意识，教孩子做自己的主人。做决定前要思考，做决定后要负责，让孩子自己做决定、自己负责，培养主见。 18.摆脱压力，适当"知足"。 19.敢于面对挑战。 20.不封闭自己。 21.不轻言放弃。 22.管理自己的情绪。 23.坚持到底。 24.独立思考。 25.集体观念。 26.发现自己的长处。 27.我很重要。 28.专注专心。 29.执行力——共同约定的规则，坚决贯彻执行。 30.以行为感染行为，以心灵触动心灵——树立"章法有度，善心善行"的社会主义核心价值观	14.针对规则教育的范畴具体到各个年级，包括安全、健康、习惯、社会四个方面结合教学逐步实施。 15.关于自身，关于和他人的关系，关于和自然的关系，关于和社会、国家的关系——借鉴日本小学德育低、中、高三阶段内容

表1–4 不同水平段学生规则形式及做法、教学途径等

水平段	创新规则形式	部分解读	课堂教学途径及相应注意问题	特别提示
水平一 水平二	图说规则 认识规则 理解规则 尊重规则 探究规则 规则共建 辩证规则 演练规则 规则改进 规则共识	将形象的图画与通俗的表述融为一体，就可以使抽象的规则要求变得直观易懂，易于学生理解 选择贴近学生生活的规则案例作为素材，引导学生一起探究身边的规则，激发学生对规则生活的体验。 师生共建、家校联合共建、分类梳理理解社会规则	1.建立课堂常规，初探规则意识；教师可从加强学生体育课堂常规教育入手，根据班级的实际情况，与学生共同商讨制定班级体育课堂常规要求，明确体育课中的着装要求、见习要求、安全要求、请假办法、考试纪律以及比赛规则、游戏规则、爱护公物、互助友爱等常规要求，规范课堂中教与学的行为，并通过师生在教学过程中的共同遵守与执行，让学生认识到为什么要遵守课堂常规要求，遵守课堂常规要求对自己的学习有哪些帮助，从而建立起对规则重要性的认识。做到"言必信，行必果"。学生在体育课堂常规教育中建构起规则意识，并通过不断的反复和强化，将规则意识内化为自己的行为习惯，进而达到培养规则意识的目的。 2.组织课堂教学，强化规则行为；体育教师可根据课堂教学目标需要，将体育规则教育与教学活动、教学竞赛等融合起来，通过教学组织、活动安排、学生参与练习等途径，指导学生学习掌握规则，体验感知规则对体育课堂教学的积极作用，培养学生遵守规则、执行规则的自觉性，深化学生规则意识的培养。 3.加强监督检查，提高规则执行力；在体育教学过程中，教师要加强对学生规则执行情况的检查和监督，引导学生将自觉遵守规则行为内化为自我意识的一部分，实现由他律向自律的转变	规则培养是学生在运动参与和运动技能学习中、在课堂游戏中、在竞赛训练中、在健康知识中进行培养。创新规则形式不是层次分明的，而是各年级侧重点有所不同，在实施的过程中均应有所关注。教师从了解规则开始，选择不同的渗透方式，不断创新教育形式，以学生喜闻乐见、通俗易懂的方式，引导学生践行规则、遵守规则，要严要求，重视多元评价。使学校规则、家庭规则和社会规则有机地融为一体，穿插家国情怀，通过共建和改进，共同执行，最终形成习惯，形成体育品德，从而达成使学生健康快乐成长的目标

续 表

水平段	创新规则形式	部分解读	课堂教学途径及相应注意问题	特别提示
水平三		对来自日常生活中的场景进行了小组讨论，分享交流了自己的看法。大家在碰撞中澄清了认识，在反思中明晰了行为。 以共同理念激发学生情感，在感悟生活中促进学生发展。 借教学事件提升学生的审辨思维水平	学生规则意识培养应注意的问题： 1.教师要做好表率。 2.不断巩固学生的规则行为。 3.注意把握规则教育的时机。 4.鼓励学生参与规则的制定，达成共识。 5.家国情怀的渗透	

通过以上尝试，学生的学习能力得到了一定程度的提升，适应了有规律的生活和学习，课堂教学秩序良好，课堂氛围鲜明，团队意识明显，个人自控能力得到提升，对规则意识有较好的认知。在促进学生发展的同时，教师自身的素养同样得到了发展，提升了专业素养，带动了课堂教学的优化。在研究实践中，教师努力将规则意识内化为自己的教育教学理念，转变为自己的教育行为，升华为自己的教育教学特色。

核心素养培育目标下对学生规则意识的培养，应渗透在每一节体育课的每一个环节上，规则意识的养成是完全符合核心素养培育目标的，其对学生个人的终身发展与社会的发展都有着重要的意义，需要学校、家庭、社会的共同努力。教师应在不断的课堂实践中结合学生的身心特点总结经验，采取行之有效的方式加以引导，促进学生形成良好的行为习惯，养成规则意识。在体育教学中培养学生遵守规则的习惯，并将其迁移到日常生活工作中，将会对学生的终身发展起到积极的促进作用。

"基于核心素养下的小学体育规则意识的
构建与策略研究"结题报告

我从2019年9月在导师们的指导和引领下，开始研究，至今已历时三年。现将研究的情况总结报告如下。

一、课题的提出

人类活动可以顺利推进社会的发展，在人类活动中，规则具有不可替代性。学校体育教育中某些教材项目已经被改革，但项目的精髓仍然被保留。特别是体育项目中的规则教育，是体育教育的特殊属性，作为体育运动的根本和灵魂，贯穿于体育活动的全过程。在体育活动中，规则是以一种以小见大的模式被社会和公众所了解的，学生通过这种规则教育，可以更好地适应社会。党的十九大报告强调建设教育强国是中华民族伟大复兴的基础工程，要求全面贯彻党的教育方针，落实立德树人根本任务，发展素质教育，推进教育公平，培养德智体美全面发展的社会主义建设者和接班人。推进诚信建设和志愿服务制度化，强化社会责任意识、规则意识、奉献意识。把社会主义核心价值观融入社会发展各方面，转化为人们的情感认同和行为习惯。教育部《关于全面深化课程改革　落实立德树人根本任务的意见》提出了要加快核心素养体系建设，定义了核心素养是指学生应具备的适应终身发展和社会发展需要的必备品格与关键能力。体育品德是体育学科核心素养的三大内容之一，而规则意识是体育品德的基本属性之一。习近平总书记在全国教育大会上的讲话中强调，要树立健康第一的教育理念，帮助学生在体育锻炼中享受乐趣、增强体质、健全人格、锤炼意志。在体育课中渗透规则意识，有利于维持良好的课堂教学秩序，约束和控制有碍学习的不良行为，引导学生从事积极高效的学习活动，学习运用公平获取自身的理想目标。同时，运用规则教育可以帮助学生塑造健康的心理品质，培养正义感和社会责任感。让学生形成规则意识，是体育教育的基点，因为没有基本的规则意识，学生日后离开学校走向社会，就会导致社会管理秩序的失陷，明规则衰败、潜规则盛行。但学生在学习的过程中，如何把体育教学与规则教育紧密结合起来，使其更具有针对性和实效性等问题，还未引起人们足够的重视和深入的研究。

国内外研究现状如下。

笔者通过中国知网（CNKI）检索关键词"规则教育、终身意识"，时间跨度是1979—2018年，选中的数据库为"中国优秀硕士论文全文数据库、中国博士学位全文论文库数据、中国期刊全文数据库"，检索范围是"教育与社会科学"。总共检索结果是694条。通过整理分析和筛选，共得到"规则教育"论文88篇，"规则意识"优秀论文14篇，国外文献共计153条，另外，参考了关于规则教学的专著等。国内外对于规则教育终身意识的研究还不是很多，特别是国外的研究更是少之又少。

规则教育是个体认识社会、了解社会并融入社会的初始，是促进个体社会化不可或缺的重要环节。冯永刚在《中国德育》2015年第7期中阐述：规则只有被个体所接纳、理解和执行，规则教育才能发挥其用。学生对规则的认同及将其植根于心，这是有效规则教育的基本条件。在《中国学校体育》中，安徽杨乐乐认为：课堂是学生学习的主要场所，在体育课堂教学中，应将学科知识和道德意识、行为有效地结合起来，将规则贯穿于整个课堂教学中。山东刘光斌认为：强化学生的规则意识，可提高学生的竞争意识，从而提高课堂练习效果。安徽李余厚认为：在理论课、模拟比赛中讲解规则，严格按照规则要求进行教学和比赛，通过正规比赛总结如何遵守比赛规则。于建嵘在《人民论坛》中说：中国特色社会主义进入新时代，每个人都必须养成遵守规则的意识，共同守护社会的公正。潘春江在《论体育教育中的规则教育及其价值》中说：体育教育作为学校素质教育的重要渠道，必须承担起相应的教育职责，在做好本职体育教学工作，增强学生身体素质的同时，积极开展规则教育，以端正学生的思想态度，深化学生对竞技体育精神和公正公平理念的认识，从而增强学生的正义感，帮助学生养成良好的心理素质，促进学生身心的健康成长。辽宁师范大学教育学院张帅教授认为，当今中小学在实施规则教育的过程中面临着多重困境，具体表现为：规则教育主体的偏移、互惠性规则教育原则的偏离以及规则意识教育偏失。要想突破中小学规则教育的困境，应该采取以下措施：明确规则教育主体，提高全教学过程指导效能；树立规则互惠观念，促进他控向自控积极转化；构筑家庭、学校、社会三位一体模式，优化整合教育合力。

通过以上国内外现状的分析不难看出，现在国内很多学者和一线体育教师已经关注到了这个问题，并对规则教育如何开展提出了不少建议和策略，但对小学体育规则意识的研究尚处于单一、零散的层面，尚未提出较为系统并切实可行的案例和策略研究。

二、课题的界定

1. 规则

所谓"规则"，《新华汉语词典》定义为："规定后大家共同遵守的制度或章程。"体育规则指的是由人们制定出来，要求大家在体育活动中共同遵守的准则，主要是指与体育行为有关的各种规范，如体育比赛时的比赛规则，体育游戏时的游戏规则，体育课堂中的各项规章制度和各种规范等。

2. 意识

《马克思主义大辞典》："意识是物质发展到一定阶段的产物，是高度发展、高度完善并高度组织起来的物质——人脑的产物。"《当代西方心理学新词典》："人与动物心理区别的根本标志，是人最高级最主要的反映形式，是人自觉的认识、体验和意志等心理活动的总和。"

3. 规则意识

规则意识是指发自内心的、以规则为自己行动准绳的意识。规则意识是现代社会每个公民都必备的一种意识。

三、课题的研究方法

本课题首先参照中国知网和社会哲学文献中心已有的研究成果，寻找本课题新的研究内容和研究切入点，通过先期的访谈和调查问卷结合观察法，以行动研究法为主进行研究。课题组成员针对规则意识在体育课堂中基于实际问题的解决的需要，从不同的教材渗透规则意识的提升，通过教学反思、同伴互助、专家引领对规则意识进行了系统的研究，并将教学成果反作用于教学实践。将卧龙山街道中心小学一至六年级确定为实验班级，实施规则意识教学，掌握试验前后学生规则意识提升的行为习惯，学习效率的数据对比，以实践考察理论，探索出符合学生发展的体育教学规则意识策略和教学模式。

四、课题的研究过程

本课题研究大致分为三个阶段，研究时间为三年，从2019年10月至2021年12月。在课题的研究实施过程中，我们主要做了以下工作。

（一）了解体育课堂中规则意识的贯彻情况，找出问题的突破口

面向任课教师开展调查问卷，了解授课中规则意识的培养情况；面向学生开展问卷调查，了解学生学习和生活中对于规则的认知；面向学生家长开展问卷调查，了解家长对于自身和学生对于规则的认识情况。我们发现：大部分教师只是遵循学科项目进行规则的讲解和使用，没有将学生的规则意识渗透在课堂的方方面面，更没有让学生参与、共建规则；学生无法积极主动地参与规则活动，教师仅从自身"自上而下"地考虑和制定规则，学生容易产生抵触和反叛心理，形成貌合神离、阳奉阴违的形式主义规则遵守；家长利己主义的社会规则意识的无形误导；等等。

（二）抓住课堂教学，用最有规则的科目，养成良好的规则意识

在实际教学中，从课堂常规入手，选择学生喜闻乐玩的游戏入手，进行规则的集体共商、共建。例如在游戏时，教师可以和学生共商如何保证游戏正常进行，以换物接力为例，创设"如何组织队形才能顺利，活动中还应遵守什么"等问题，最终达成共识：学生分4~8队，以纵队的形式逐一进行，统一口

令下进行，不得越过起跑线，交接物品不得抛扔等完整的规则。共同制定的规则更容易执行和遵守。学生在参与规则制定的过程中，能够表达个体意愿和心声，从而进一步理解规则的精髓，进而对规则产生敬畏。学生在参与规则制定的过程中加强了执行规则的自主意识和自身的自律行为，会在无形中生成规则。由于是师生共同讨论、民主协商的规则行为，不是任何一方一厢情愿的主观臆想，因而学生在参与制定的过程中深刻地理解规则在学习收获中的普遍性和必要性，从心底会自觉遵守与服从规则。所以，我们编著了各个项目对于规则意识渗透的教学实践案例，方便参研教师逐步实施。

1. 以课堂常规教学引领规则意识

课堂常规能保证体育课安全有序地进行，是师生必须共同遵守的规范。因此在体育课堂上，教师从常规要求入手，严格落实师生共同约定和执行的服装、安全、请假、团队、比赛游戏及考试等常规要求。规范和约束自己的课堂行为，使学生明确为什么要遵循课堂常规要求及规则意识对课堂学习的重要性。例如，一年级入学初的学生从学会倾听和正确的表达规则入手，教学要求和规则解读结合社会现象只讲一遍，使学生学会凝神聚力去听；学会尊重他人；不打断别人的话，知道表达和发言的时机。让学生学会表现自我、传达热情，教学生敢于站出来、敢于说出来，学会如何争辩等；明确体育课堂恰当的表达和合作等。紧扣时代发展，将学生发展所需的规则意识渗透到课前、课中、课后常规教学，使每个学生由认识规则过渡到理解规则，先规矩后习惯，先认识规则后实施遵规。

2. 以课堂学习促规则意识得以内化

课堂教学是规则意识教学实施的主阵地，学生学习的主渠道。小学阶段有诸多的技能教学内容。学生在学习新技能内容时，往往对新内容和器材充满好奇，敢于接受挑战，跃跃欲试。这时学生对自身的控制行为随着好奇心的增加而减弱，这影响着教学的组织。此时，教师可先与学生进行集体约定：练习前如若教师没下达练习口令，任何人不得进行尝试练习，认真聆听教师讲解与练习要求，违反者在另外的场地进行练习并第一个展示、叙述练习要求。以此养成学生在教师讲解时良好的行为习惯。例如在投掷教学中，与学生约定听口令的统一拾掷，如有出现抢掷、抢拾等行为就取消其本节课的练习资格。这样能让学生体会到教师对于违反规则行为者进行严厉惩罚的态度和行动，使学生敬畏规则，利于以后的教学。教师针对不同水平段的教学内容选择合适的规则意识渗透，探索出适合学生身心发展的规则意识教学框架体系。

3. 在游戏竞赛中演练规则意识

在小学阶段，玩耍是天性，好奇心是动力。这也是体育课程受学生欢迎的原因之一。在实际教学中，学生寓技能学习、身心发展于体育游戏中，在相应的比赛中落实提升。教师在组织游戏活动和比赛时，应当更加注重对学生规则意识的培养。学生了解游戏规则，更能激发游戏氛围，主动参与，带来较好的活动体验。规则的使用要使活动有规可依、有矩必行、违纪必究、执规必严，切不可因为一味追求趣味性而忽视纪律规矩。在每次游戏结束后，及时组织学生进行互相评价和自我评价，在评价中既要提出本节课的不足，又要提出自我的渴求。学生参与规则制定，师生共同解读和共建规则，使活动能更贴近学生所需。竞赛活动是培养学生规则意识最简洁的途径。体育竞赛的每个项目都有其独特专用的竞赛规则，学生因为兴奋和积极参与竞赛活动，一些不由自主的行为超出规则许可的范围，所以在日常学练中教师应当注重对项目规则的介绍并将规则严格执行，让学生能够直观地认识到违反规则的后果。对于某些较难判定是否违规的行为，应当从严处理，以培养学生对规则的敬畏之心，不抱有侥幸心理。例如，游戏"钻山洞"要求学生在游戏过程中，钻山洞的同学双手抱头于脸前，搭山洞的同学双臂伸直、直腿站立、不准提膝。钻山洞的过程中有推、挤、提膝等动作的学生退出游戏比赛，在旁观看。教师视教学内容做出不同处理，以实际比赛规则要求比赛和练习，增强学生对规则的理解和认识。

4. 在健康知识传授中议悟规则意识

小学体育阶段，学生的健康知识课程是学生成长过程终身健康意识的有效补充，更是对学生进行规则意识教学的最佳结合点。每学年6节健康课程的学习，使学生不断地理解规则意识的内涵与外延，理解现实意义，主动参与内化规则意识，提高学生的规则意识。在课中，教师通过搭配动画、图片、PPT、教学视频等途径，赋予学生一定的情景，让学生通过一定角色的扮演、真实情景的展示、感受真实的社会规则，发表自己的看法，分享个人的感受，寻求正确的做法。如果是自己该怎么办，议一议、说一说，思考其中的规则，以真实情景不断刺激学生规则意识的养成，感悟其中蕴含的现实规则意识，如在健康教育课上讲述规则时播放腾讯视频的《世界上有一种东西叫规则》，使学生进一步理解规则意识的重要性。课堂中教师有意识地选择行人过马路的视频，让学生角色扮演并演示闯红灯带来的一系列严重后果，结合《交通事故大全》《儿童交通安全》等视频，促进学生交通规则意识的养成。借助网络视频宣传运动中、生活中遵守规则的重要性，使学生明确健康生活的规则意识，学会敬畏规则、理解规则、遵守规则的个体认识，自觉做到自我协同。

（三）家校联动，学科互动，共话规则意识养成

1. 规则习惯，重在榜样作用

父母是孩子的第一任老师。学生在进入小学前，已经亲历了家长的言传身教，幼儿园、学前班教育者身体力行的行为习惯教育，这些教育是最直接的实践性教育，也是他们的终身教育。因此，在孩子行为习惯即规则习惯的养成中，家长的一言一行成为烙在孩子身上永恒的"印记"，将影响其一生。而这些行为规则重在孩子的"学"，不在家长、教者的"教"，孩子的学是主动的，他们以家长的言行为楷模，以幼教、学前班教育者的言传身教为起点，在潜意识里形成初步的规则习惯，所以说，"言传不如身教"。同时，在家庭中制定规则并严格执行。例如，和孩子一起制定生活常规作息制度并严格遵守，可以有助于孩子从小建立规则意识，养成遵守规则的习惯。

卢元镇教授说过："体育老师是最懂规则，最讲规则，最守规则，并且最会用规则意识教育学生们的。"教师在执行规则教学时要做到"言必信，行必果"，并率先垂范，用自身的行动影响学生去感悟规则意识学习。学生在体育课堂常规教学中建构起的规则意识，要通过不断的反复刺激和不断强化，将规则意识逐步内化为自己的行为习惯，进而达到培养规则意识的目的。在此时，教者的"教"重在实践，而不是过多的理论指导，是身教，是及时的点拨，是帮助他们建立最初的规则意识。

2. 规则意识，重在培养

学生在家庭、学校教育的潜移默化中，懂得了家庭生活规则、学校纪律规则、上学路上的交通规则。但是，他们的意识是肤浅的，也是不完整的，这就需要教师在课堂教学活动中进行重点培养。创设适宜的学习环境和条件，灵活多样地运用教学活动和组织形式，联系班级学生的实际，及时把社会中的新信息、科学技术新成果、儿童生活的新问题和现象放到课堂中来，激发学生养成规则意识的兴趣，使教学课堂更加精彩、更富情趣，即在活动中掌握规则，在游戏中提升规则意识。

3. 规则能力，"学""做"并举

高年级的学生在最初规则习惯、规则意识的养成的基础上，形成了良好行为习惯，有适应社会发展的认知水准和一定程度的适应能力与生存能力。能够把体育活动中学到的规则意识进行迁移，是体育品德素养养成的开始。"千里之行，始于足下"，能力的提升在于教师设计的课堂，能力的提升在于学生丰富的生活实践、学习实践。教师所教和学生自觉运用所学去生活、去实践，双向发力，锻造学生自身学规则、用规则、化规则的过硬意志和本领。这是新时代的要求，也是学生自身发展的要求。

（四）强化规则执行力，健全合理评价体系

对规则的执行方面，我们不要像赵括一样纸上谈兵，一纸空文。在活动中演练规则，用身心体验，感悟规则，激发积极参与活动的动力。学生规则意识的形成有一个从他律到自律的过程，教师在活动中要加强监督和检查，以身作则，引导学生自觉遵守规则，形成习惯并内化为自我意识，同时相应的评价机制和手段要到位。常规要求不放松，端正态度认规则，养成良好习惯。细化每一个育人环节，形成点线面结合的全方位教学模式和框架，使学生的规则意识不断得以加强。例如，在常规落实上发现即纠正；在技能学习中讲解竞赛规则、动作方法、保护与帮助措施、安全要求、练习纪律等；在游戏和竞赛中讲解竞赛方法，明确竞赛规则，活动要求等。发现一处违反严格执行处理一次。活动中，教师的提示、评价要做到及时准确，对违反规则和纪律的行为要及时加以制止，并帮助其进行改正；遵规及时肯定，充分利用榜样的力量带动和引领更多的学生遵规守纪；在此过程中体现师生之间、生生之间的协同。轮流执行裁判和监督工作，使学生在身心体验中获得对遵规守纪的认识。

对小学生而言，评价更是影响他们的重要行为。合理、恰当的评价方式能更好地促进学生规则意识的养成。我们采用多元的评价方式，使学生获得遵守规则所带来的成功体验。

（1）评价主体多层：学生自评、互评、小组评、家长评和教师评相结合。

（2）评价资料多层：对学生规则意识的评价一般从态度、表现、参与、执行四个方面进行。

（3）评价效果多层：培养学生的规则意识，让学生积极参与其中，我们分A、B、C（低、中、高）三个层次，对照"课堂反馈卡"，根据课堂中自我表现与团队精神、学习效果、愿望等做出相应的评价。

"知是行之始，行是知之成。"体育课堂规则、行为规范和要求等制度的制定，教师应该通过学生参与—协商制定—规则修改—达成共识—最终执行等这一系列过程。让学生明白规则制定所依据的价值标准，形成层次分明的评价内容体系，充分发挥学生的主体作用、教师的主导作用，进一步增强学生对规则的认识，理解其存在的价值和重要性，使学生积极主动融入规则，参照评价方法执行，并形成自觉遵守规则的责任感。

五、课题的研究成果

本课题自开始以来，给教师的执教行为和学生的学习行为带来了一些可喜的变化。教学中创设教学情境、激发学生兴趣、鼓励学生践行等有效的教学策略将规则融于游戏中，提高游戏规则的灵活性，变他律为自律，让学生体会和感知各种规则，加强了沟通与合作，提升了规则执行力，强化了规则意识，提升了道德素养。

（1）教师的变化（见图1-2）。

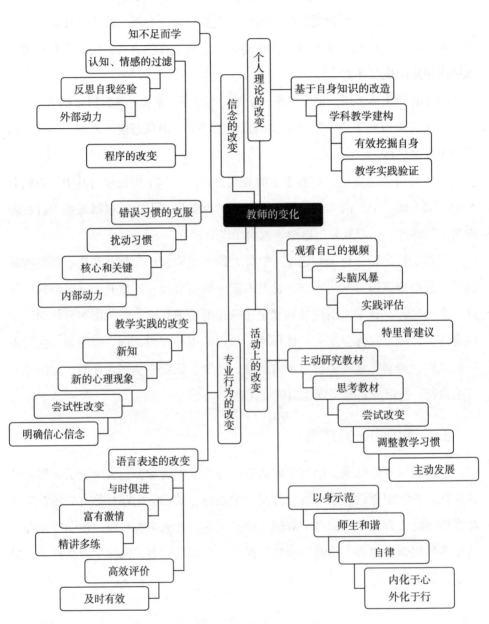

图1-2　教师的变化

（2）学生的变化（见图1-3）。

学生的规则意识逐步深入生活和学习，不断在班级表现、家庭生活、自我表现、课堂提升等方面主动遵守规则，并强化执行力，主动体验并收获，提高对自我的要求。

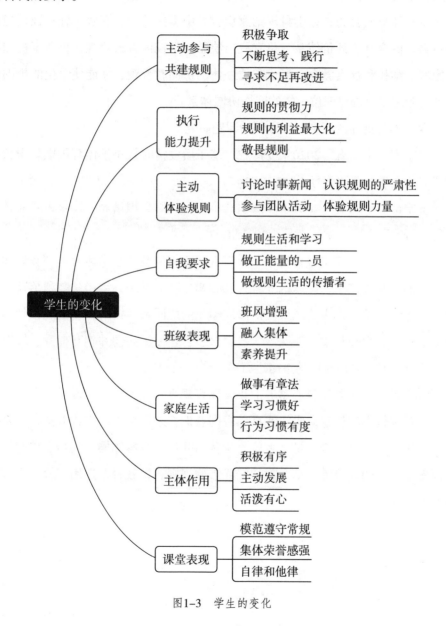

图1-3 学生的变化

（3）在《学习方法报》上公开发表论文《协同教育理念下小学体育课堂规则意识的教学策略》。其中主要观点如下：在教学中培养学生遵规、守纪、自律、自制、公平竞争的行为和意识，渗透规则意识教育，促进学生规则意识的养成，在日常生活中形成良好的行为迁移。通过树立全新育人理念，家、校、社三位一体形成合力；在学科规则意识教学中多措并举，有效实施；强化规则执行力，健全合理评价体系。只有跳出狭隘的学校体育教育观，重新审视和组合家庭、学校和社会教育，形成三位一体的协同教育观，才能使学生的规则意识如有源之水，构建三位一体的网格协同体系。

（4）参与指导的规则意识方面的课题研究。

济宁市"十三五"2020年度课题"基于后疫情时代小学体育规则意识教育的研究"立项。课题编号为2020NG147。

济宁市"十四五"2021年度课题"小学生规则意识培养的体育大单元教学的行动研究"立项。课题编号为2021NG273。

（5）主持的济宁市教育科学"十三五"规划课题"小学体育协同教学和科研创新的实验研究"，课题批准号为2019NG371，于2021年10月顺利结题，并被评为优秀课题。其主要成果为：形成相应的协同教学模式，学生和教师均有明显的变化，教师和学生在课堂学习中自然合理使用协同并相互提升，针对四个应注意的问题采用相应的策略进行等。

（6）论著：《基于核心素养的小学体育规则意识的构建与教学实践》。主要见解：围绕小学体育课堂实践贯彻规则意识，采用合理的方式方法，从基本的走、跑、跳到篮、排、足三大球，从队列队形到基本体操、技巧、单双杠、跳跃等新时代的体能练习结合教学实践渗透规则意识教育，选用高效教学方法进行初步探究。

（7）体育课规则意识培养的总体框架（见图1-4）。

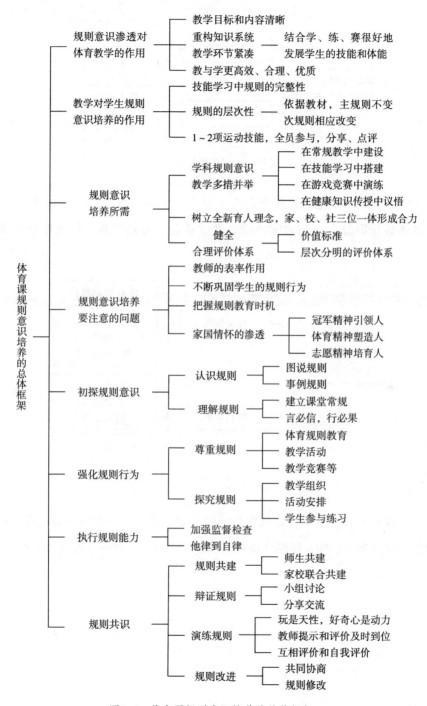

图1-4　体育课规则意识培养的总体框架

在教学中逐步实施（见图1-5）。

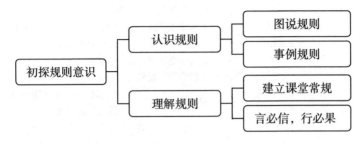

图1-5　初探规则意识

在学练中进一步地强化规则行为（见图1-6）。通过尊重规则、探究规则来实现体育规则教育，在教学活动、教学竞赛、游戏等真实情境中进行规则强化。

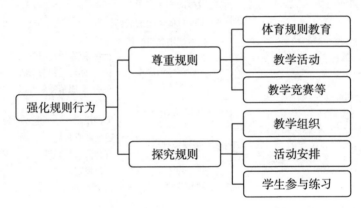

图1-6　强化规则行为

在规则共识的教学中，以师生共同的规则共建来辩证规则的可行性，演练规则的趣味性和安全性，借助评价针对出现的情况进行修改、改进（见图1-7、图1-8）。

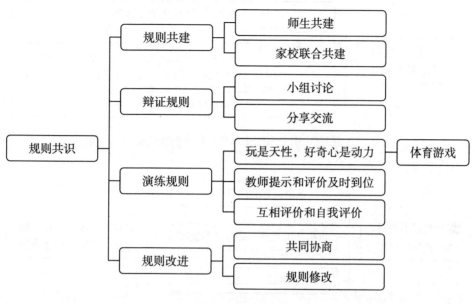

图1-7 规则共识

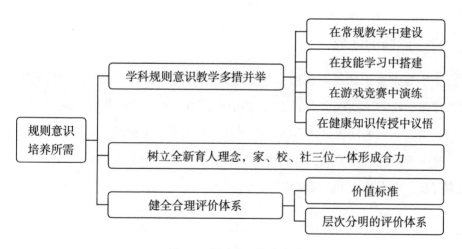

图1-8 规则意识培养所需

规则意识和教学之间的相互作用。充分发挥教学对学生规则意识培养的作用，贯彻"学会""勤练""常赛"（见图1-9、图1-10）。

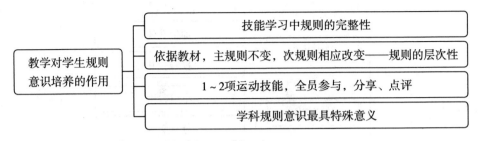

图1-9 教学对学生规则意识培养的作用

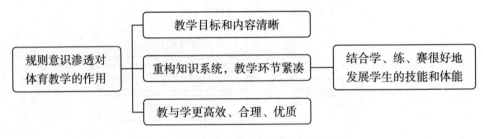

图1-10 规则意识渗透对体育教学的作用

六、课题的困惑

学生规则意识的培养需要一个常态化、家校联动的认识和共同实施的过程，往往学校5天的培养不如社会2天的消极抵消，也就是常说的不等式5<2。在家校联动的实施中尚需常抓不懈，教师对于规则意识渗透教学要消除明显的痕迹，进一步强化自身素质，将规则意识内化于无形。对于规则意识教学，我们刚刚起步，将不断修正，砥砺前行。

第二章
田径类教学实践和规则意识的构建

    田径作为小学生体育教学中占比最高的内容，是学生日常生活中运用和实践最多的技能，贯穿于学校体育教育的整个过程，是全面发展学生核心素养和实施素质教育关键的一个环节。整个小学阶段对于跑、跳、投的教学是逐步递进和层层提升的，能够很好地提高学生身体的基本活动能力。针对学生各项身体素质发展的敏感期进行合理的教学，学生不仅应学会每一年龄段的跑、跳、投动作技能，更应常常练习来提升个体身体素质。体育教师不仅应教授学生基本的跑、跳、投的方法，更应使学生在跑、跳、投的各种练习中身体得到锻炼，体育品德和体育行为得到提升，在体验到乐趣的同时，更多的是对于规则意识的培养和渗透，在经常变化的练习形式中对规则意识进行合理的运用。

    在实际的课堂教学中，我们常常发现学生随着年龄的增长更多选择游戏、球类等项目的学习。这主要是因为田径教学教材的社会性成分相对较少，同不断发展变化的学生个体心理的需求不相符；也因为田径教学教材的动作技能属于封闭性的动作，更多与学生个体个人具备的天赋和个体操作有较为密切的关联；更因为体育教师教学中对于规则意识的渗透不能与时俱进，不能很好地弱化不利因素，创新教法，凝练自身教学素养。

    本书第二章"田径类教学实践和规则意识的构建"主要从基本的跑、跳、投入手，选择合适的梯度及纵深发展学生个体身体素质，渗透规则意识于活动中，与时俱进地进行核心素养的提升。多维度、多视角、多层次地进行规则意识的教学，以达到抛砖引玉、举一反三和融会贯通。主要内容包括以下几个方面。

① 跑类教学规则意识构建——快速跑、耐久跑、接力跑、障碍跑、跨栏跑、自然地形跑等。

② 跳跃类教学规则意识构建——单起双落、立定跳远、急行跳远、蹲踞式跳远、急性跳高、跨越式跳高等。

③ 投掷类教学规则意识构建——持轻物掷准、掷远、双手前掷实心球、双手从头后向前掷实心球等。

④ 身体素质类教学规则意识构建——柔韧、力量、速度、耐力、灵敏等。

跑类教学实践和规则意识构建

教学内容的简要分析

跑是由单脚支撑阶段和腾空阶段互相交替的循环运动。影响跑速的力分为内力和外力，而通过外在形式表现出来的力是内外力的综合，主要的外力由重力、空气阻力、支撑反作用力、摩擦力组成。影响跑速的因素除了我们常知的步长和步频外，还有后蹬的效果和全身动作的协同配合。跑的教学内容包括快速跑、耐久跑、接力跑、障碍跑、跨栏跑、自然地形跑等。跑的各项教材各有不同的健身价值，在各个年级的教学中均安排了由易到难、循序渐进、逐年丰富的教学内容。

一、快速跑教学实践和规则意识构建

1. 快速跑教学特点

快速跑是小学阶段普遍和典型的田径运动项目，其时间短、强度大，学生以最快的速度跑完全程。对于培养学生勇敢、顽强、拼搏向上的精神和进一步发展个体身体的协调性及快速奔跑能力都有着非常重要的作用。教学中，如何结合游戏和不同的教学方法实施规则意识的渗透？如何紧扣每节课的主题教学，围绕教学目标进行教学，以目标统领教法和手段的选择？如何使学生易学易练易操作，在学练中贯彻规则意识，激发学生的兴趣，促使学生主动地进行学习？以学练赛为主线，以规则引领，规范课堂，让学生乐而不疲，清晰地自我定位，即在轻松、活泼的环境中掌握快速跑的动作要领，发展学生的快速奔跑能力，同时知晓评判的规则，参与相应的裁判工作。

2. 快速跑教学规则意识的构建与评价（见表2-1）

表2-1　快速跑教学规则意识课堂评价

评价指标			自评		互评	
一级指标	二级指标	三级指标	满分	得分	满分	得分
体能与运动技能	掌握科学的跑步方法，学会简单的技术动作，并在实践中应用，明确蕴含的规则意识	理解规则，懂规则，会应用规则，正确判断抢跑现象、取消成绩的做法	40		40	
学习态度与行为	积极主动地参与体育活动，有强烈的求知欲和好奇心，有良好的学习和思考习惯，善于提出问题和解决问题，善于总结和反思	按照快速跑规则要求，起跑不触线，不抢跑，不干扰他人比赛，不串道，学会保护自己和他人，积极参与，善于观察发现、提出合理化建议等	20		20	
交往与合作	具有集体荣誉感，互相尊重、互相帮助，有良好的合作精神和体育道德，具备集体观念，能管理自己的情绪，学会分享与协作，换位思考，不封闭自己	互相提示动作的正确做法，互教互学，服从指挥，在合作中完成小组活动，效果较好。能够完成快速跑的裁判助理工作，各司其职，遵守活动要求，敢于表达，遵守约定	20		20	
情意表现	根据体育活动所表现出来的意志力、自信心及个体调控情绪力。相信自身能够完成一项教学任务，并勇于接受，积极参与课堂。在训练和比赛中，培养学生坚强不屈、坚持不懈的精神	能够自我调整情绪，了解自己的情绪，驾驭自己的情绪，识别、接纳他人的情绪，调控他人的情绪。在规则允许范围内积极争取权利，勇于接受结果，积极参与课堂活动，为团队贡献力量	20		20	

3. 几种操作性较强的教学实践

教学实践1： "找找小脚丫"和"自画小脚丫"

练习方法：在起跑线后贴两个标准位置的小脚丫和异侧臂标志，学生尝试左右脚哪个在前更合理（见图2-1）。

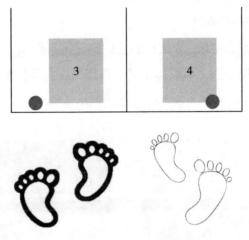

图2-1　找找小脚丫

应用目标：站立式起跑基本姿势站位，解决学生手脚位置不协调，进而影响起跑速度的问题，纠正学生各种各样不正确的起跑方式（见图2-2）。

各就位

图2-2　站立式起跑

实际操作：学生根据个体身高、腿长确定小脚丫的位置，亦可在实际运用中自己画一画。

运用要点：小学阶段采用站立式起跑方式（见图2-2），起跑时脚不得触及起跑线。短跑的站立式起跑要点，分为两个阶段：第一，各就位口令；第二，鸣枪。学生遵守起跑规则，正确起跑，不抢跑，不干扰别人。

教学实践2：胸前贴报纸

练习方法：学生分4组，分别在固定的区域进行跑动，学生每人一张旧报纸，在不用手的前提下自主体验逐步减少报纸与胸前的接触面积，比一比，谁的报纸不掉下来，谁的报纸与胸部的接触面积小（见图2-3）。

图2-3　胸前贴报纸跑

应用目标：在学练过程中使学生逐步感悟到，只有快速跑动达到一定的速度，报纸才不会从胸前掉下。

实际操作：学生分组进行，比一比谁的报纸在胸前的面积小且不掉下来。互相观察、互相借鉴，可体验加速快跑的练习。

运用要点：学生分开区域，分组在不同的场地体验，严格规则要求，报纸不能借助外力维持，只能贴在胸前，通过比一比、赛一赛激发学生参与学习，主动体验快速跑。学生在自己的跑道内运动，不串道，学会保护自己和同伴。小组长做好遴选和组织。

教学实践3：冲过火力点

练习方法：适当加长冲刺终点，以明显的标志物进行提示（见图2-4）。

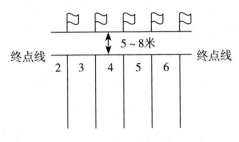

图2-4 冲过火力点

应用目标：在冲刺阶段，学生往往会因为终点线只有一条线，没有到达终点就提前减速。为解决这个问题，可以适当延长冲刺线，让学生在保持全速的情况下，接连冲过标志物后再减速，这样比单纯强调冲过终点后再减速效果更好。

实际操作：在实际教学中可先相同后不同，再到自我挑战标志物的距离。男女生、体能不同的对象设置的标志物距离有所区别。

运用要点：终点冲刺跑和途中跑要求基本一致，但要求加强两腿蹬地力量和两臂摆臂幅度，在距离终点一步距离时，上体稍前倾，用胸部或肩部撞线，撞线时不得有跳起动作，冲过终点后顺着自己的跑道进行减速，而后返回终点道次内，司线员有一人或二人及时松手。遵守规则，不串道，角色及时进行互换，主动从两边返回。

教学实践4：尝尝大甜筒

练习方法：手握空心拳，手臂前后摆动，前不露肘，后不露手，像吃大甜筒一样，手自然地摆动到嘴巴前（见图2-5）。

图2-5 尝尝大甜筒

应用目标：克服学生在跑动中左右摆臂。教师仅凭讲解无法使学生形象地体会动作要领，所以选取吃大甜筒的动作。学生能够及时解决跑动中左右摆臂的问题，利于学生纠错，从而使学生轻松掌握正确的摆臂姿势，提高跑的能力。

实际操作：练习中强调正确的摆臂动作，教师采用有节奏的击掌或哨音等方式引领学生进行练习，可在原地或移动中完成。

运用要点：正确的摆臂是提高跑速的关键点，应避免多余的动作。学生要清晰摆臂的技术概念，肩关节和两臂肌肉要放松，摆动时要以肩关节为轴进行前后摆动。

规则意识培养：学会倾听，听指挥练习，联系生活实际。

教学实践5：步频和步幅练习

练习方法：通过软梯缩小间距练步频，增大间距练步幅（见图2-6）。

图2-6　软梯

应用目标：学生对步频和步幅的理解不能具体化，练习的方向性不明确，所以通过外在的手段激发学生的练习兴趣，针对影响跑速的步频和步幅两个因素，采取相应的手段进行专门的练习。

实际操作：在实际的教学中可采用的辅助器材，如体操棒（注意安全）、彩带、小木条等，通过缩小间距练步频，增大间距练步幅。亦可步频、步幅练习结合通过一定距离后接一段距离的快速跑进行练习。

运用要点：作为快速跑的辅助练习，练习中要将提高跑的能力和跑的速度结合起来，重复一定的次数，积累一定的量，从而达到质的转化。学生注意练习的间距，选择合适的练习时机，按一定顺序积极进行。

教学实践6：体操棒抢扶练习

练习方法：学生两人一组，间隔1米左右，每人一根体操棒，竖直置于地面上，单手扶握体操棒上端，小学阶段采用站立式起跑姿势进行，听"统一"信号后迅速换位，去抢扶对方的体操棒。

应用目标：单手扶住体操棒的顶端，做出相应的姿势，采用统一口令，可以很好地提高快速反应、快速跑蹬摆起跑、起跑后加速跑的能力。

实际操作：此练习可多人同时进行，用4~6根体操棒排成一列，从一侧开始，进行"闯关"游戏，也可每人一棒围成一个圆练习，所有练习听统一口令，在迎面练习时注意站在异侧位。

运用要点：开始时可先两人一组面对面进行，熟练后小组协商可围成圆形统一口令进行。注意点：①听哨音或统一口令进行；②抢口令或体操棒不竖直放置者判为失败；③规则可以共建共商，但制定后必须严格执行。

4. 快速跑比赛规则

（1）比赛时运动员到各自赛道就位，起跑后不能串道，否则成绩无效。

（2）听到口令后，参赛者应马上完成有关动作，任何参赛者不能在合理时间内完成有关动作，则属起跑犯规。除此以外，在口令发出后，以声音或动作扰乱他人，算起跑犯规。

（3）除全能项目外，均实行"零抢跑规则"，即任何一名运动员只要抢跑，即被剥夺比赛资格，被罚出场。

（4）所有赛跑项目参赛者的名次取决于其身体躯干（不包括头、颈、臂、腿、手或足）抵达终点线的顺序，以先到达者名次列前。

5. 快速跑的规则发展有关趣事

国际田联竞赛规则中将抢跑规则的最新改动以"零抢跑"为主线，结合了竞赛规则与竞技赛场战术的相互推动发展，多维度对指导规则变化的因素进行分析，通过对新规则变动的深层次认知，建立符合竞技体育和谐发展的体育法规辩证思维。2010年起实施的"零抢跑"规则，使刘翔、博尔特等运动员都受挫于起跑这一环节。2011年第13届世界田径锦标赛在韩国大邱举行，比赛第二天，男子100米决赛爆出本届比赛的最大冷门。该项目世界纪录保持者、奥运会及世锦赛双料冠军、牙买加飞人博尔特因抢跑犯规被罚出场，无缘卫冕。

阴差阳错

第三届奥运会马拉松比赛在1904年8月30日举行，全程共有40公里。在比赛过程中美国选手弗雷德·洛茨在跑到12公里处，由于身体不适，两脚抽筋，无法继续进行比赛。他就搭乘一辆路过的汽车，乘着汽车前进17公里后，症状缓解后他下车继续向前跑。他成为第一个冲过终点的人，在全场热烈的掌声中，被时任美国总统罗斯福的女儿爱丽丝·罗斯福授予了一枚金灿灿的奖牌。直到美国另一位选手托·希克斯跑进了比赛的运动场，弗雷德·洛茨的骗局才被揭穿。弗雷德·洛茨的金牌直接被取消了，并且受到了美国田联的严重惩处。马拉松冠军最后被希克斯获得。后来，托·希克斯承认是在筋疲力尽跑不动时喝了杯法国白兰地而跑到终点的。时过境迁，当真相大白时，成绩已经无法更改，托·希克斯捡了一个便宜。

二、耐久跑教学实践和规则意识构建

1. 耐久跑教学特点

跑是人的基本活动技能之一，而耐久跑则是小学田径教学中的重要组成部分。其技能特点既要求一定的跑速，又要求一定的持久力，故而运动量较大。因运动距离较大，学生需要掌握合理的体力分配、良好的跑步节奏、正确呼吸方法、克服极点现象及达到第二呼吸等要领。理论上练习耐久跑能使心脏收缩力加强，提高心脏供血能力，促进心脏、肺、血液循环系统的发展，提高有氧代谢能力，还有助于降低血液中的胆固醇含量。但实际教学中，因其技术基本相同，学生对该教学内容的学习兴趣不足，需要教师在教学中运用不同的教学手段调动学生以坚强的意志、顽强的毅力和坚持到底、勇于克服困难的精神达到教学目标。

2. 耐久跑教学规则意识的构建与评价

耐久跑教学规则意识课堂评价可参照快速跑进行，但需增加团队协作完成集体主义相应的评价或强调，发挥团队精神及体育骨干的传帮带作用，体现集体的智慧。

3. 几种操作性较强的教学实践

教学实践1：耐久跑呼吸方法练习

练习方法：借助一定的器材或节奏体验二三步一吸，二三步一呼（见图2-7）。

图2-7　耐久跑呼吸

应用目标：正确的呼吸，能够很好地加强个体跑的持续工作能力，改善气体交换和血液循环条件，一般采用的是口鼻混合呼吸，以口呼吸为主，呼吸的节奏要和跑步的节奏相配合。呼吸是个体生存的本能，不经过练习的呼吸是一种自动的行为。学生在耐久跑时一般很难掌握正确的呼吸方法，从而造成呼吸短促、气短无力等现象。此项练习通过既定的条件练习以期达到教学目的。

实际操作：在实际教学中可采用呼吸纸条，出声地呼——呼——吸——吸，或配合摆臂时有声响提示的辅助器材，均可达到掌握呼吸方法的教学目的。

运用要点：采用哪种呼吸方法因个体身体素质和跑的强度而定，进行呼吸方法练习时一定结合相应的跑步节奏来体验。

教学实践2：拓展引进——定向越野类改进版耐久跑

练习方法：利用学校操场按照一定的规律分散摆放8～12个带有A、B、

C……L等字母的标志物，按照班级人数将学生分成人数相等的7～8组，课前教师将不同字母顺序的体育纸条准备好，跑之前随机抽取相应的体育纸条，小组探究后，在小组长的带领下按纸条上字母的顺序，依次跑完每个顺序点（见图2-8）。

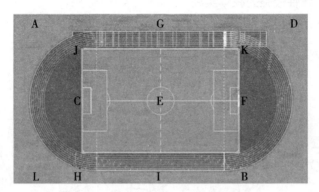

图2-8　耐久跑拓展

应用目标：针对耐久跑学生兴趣不高、积极性较差等问题，引进拓展运动定向越野模式，简化规则和方法，在模仿中增加了练习的趣味性，提升了学生的兴趣，提高了练习的效果。

实际操作：在实际教学中可选用寻宝类、探险式、翻牌式等方式进行，采用的道具有扑克牌、塑料手环等。

运用要点：以任务驱动的形式组织，教师事前精心计算各组之间的距离，使其大致相等，同时强调团队意识，可利用绳制作乾坤圈，要求小组内所有成员持乾坤圈一起行动，严格遵守规则一起到达，不放弃任何一个队友，不能团队一起完成任务的队伍成绩取消。

教学实践3：跑出电话号码

练习方法：课前教师在地面上画出（或用彩带）10条间距5～6米的平行线，在每条线上用标志物标出0～9的数字。练习时，学生依据自己家的电话号码的顺序，依次跑到对应的标志物，变换不同的电话号码和数字进行练习（见图2-9）。

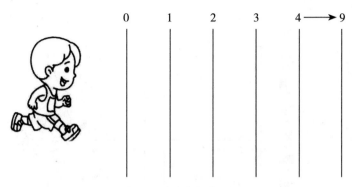

图2-9　跑出电话号码

应用目标：选择学生熟知的信息应用到课堂教学中，激发学生练习的兴趣，同时能够在较小的场地内进行耐久跑教学。

实际操作：在实际教学中可以根据场地的大小布置不同的线，可以每条线上设置两个数字，也可用不同的标志物放置在场地不同的位置，此时，教学安排可以结合团队进行，跑出每个成员提供的一个电话号码或者固定统一的电话号码（如班主任的号码）。

运用要点：以任务驱动的形式组织，进一步强调其中的规则意识，练习时场地的布置要均衡，小组人数不宜过多，防止碰撞。

教学实践4：巧用情景——耐久跑

练习方法：以毛主席《七律·长征》设置"重走长征路，铭记红军魂"的耐久跑练习。学生分成人数基本相等的8组，课前教师准备好不同词句的体育纸条，跑之前随机抽取相应的体育纸条，小组探究后，在小组长的带领下按纸条上词句的顺序，依次寻找相应的字，组合体育纸条上的词句，每寻到一个字就按照固定线路跑回到本小组展板前并张贴，直至完成词句（见图2-10）。

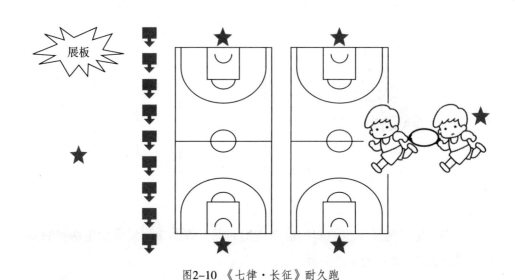

图2-10 《七律·长征》耐久跑

应用目标：以一定的情景进行耐久跑教学能很好地激发学生学习的积极主动性，适当穿插家国情怀，以红军魂、民族情为题材，对学生进行规则意识之下的家国意识渗透，使学生身心俱得到发展。

实际操作：在实际教学中依据场地，添加情景元素，让学生认识到任务的重要性，使学生有较强的责任感和使命感，为了完成任务付出积极的努力，不怕困难，坚定信心；教师及时提醒跑步要求，练习效果明显提升。穿插情景如长征、鸡毛信、探险等，在规则许可的情况下争取团队利益，获取胜利。

运用要点：学生体验呼吸方法，结合跑步节奏，先尝试后实施，掌握极点现象的出现及克服办法。教师在适当时机插入，学生通过自我检测脉搏，判断运动负荷，遵守规则，使团队获取胜利。

教学实践5：他山之石——莱格尔耐久跑练习

练习方法：依据学生实际，根据音乐节奏由慢到快进行12~15米折返跑，莱格尔测试音乐中"嘀"的节奏音配合人语言读数，这种音乐形式很新颖。开始"嘀"声间隔8秒，随着时间进行，"嘀"声间隔越来越短，逐渐缩短到间隔3秒，测试速度由慢到快，符合人体运动规律。学生对这种有"嘀"音的节拍和有语言读数的音乐感到新奇，乐于在莱格尔跑音乐配合下进行速度耐力的体能练习。在教学中应用时，以标志桶等器材标志折返点，当听到"嘀"提示音后起跑到对侧标志线，当再次听到"嘀"的提示音后才可返回，循环折返跑，注意每次折返必须一脚或双脚踏线（见图2-11，5分钟莱格尔跑）

起点　　　　　ABC

A为13米折返点
B为14米折返点
C为15米折返点

图2-11　莱格尔跑

应用目标：学生大都不喜欢耐久跑，参与积极性不足，而采用莱格尔跑全程音乐控制，节奏明快，催人振奋，很好地激发学生参与到耐久跑的学习中来。每跑一次都有英文播放次数，学生明白自己距离目标还有多少次，加上鼓舞斗志的音乐，学生练习投入度增加，跑得乐此不疲。同时有利于学生下次挑战更高的目标。

实际操作：根据年龄、性别、体能强弱等差异设定三个不同的折返跑点。学生在跑的后期可自主选择折返点，确实因身体原因可中间慢跑两组而后再参加相应轮次的跑。

运用要点：在耐久跑的教学中运用莱格尔跑便于教师评价，规定时间定距离，跑前进行动员，跑中进行激励，跑后及时进行跟踪评价。

三、接力跑教学实践和规则意识构建

1. 接力跑教学特点

接力跑是运用集体合作方式进行的运动项目，在小学阶段主要通过迎面接力、往返接力以及上挑和下压式接力等展现形式来发展学生的快速跑能力。

在接力跑中讲究成员之间相互配合、密切合作、集体共进，运用规定的接力方式，在既定规则下进行比赛活动。根据田径规则，接力分为男女4×100米和4×400米接力跑，而在现实的教学中可采用迎面接力、往返接力、越野接力、异程接力等形式。

2. 接力跑教学规则意识的构建与评价（见表2-2）

接力跑的成绩一般取决于队员个体跑的速度，在很大程度上取决于队员之间的相互配合和传接棒的技术运用。

短跑的成绩因人而异，提高较难，但是由短跑组合而成的接力跑在成绩上还有一定的提升空间，在接力跑项目中，整体的配合和团队的精神是非常重要的。

表2-2　接力跑教学规则意识课堂评价

评价指标			自评		互评	
一级指标	二级指标	三级指标	满分	得分	满分	得分
体能与运动技能	掌握科学的跑步方法，学会简单的技术动作并在实践中应用，明确蕴含的规则意识	理解规则，懂规则，会应用规则，正确判断抢跑现象、取消成绩的做法	30		30	
学习态度与行为	积极主动地参与体育活动，有强烈的求知欲和好奇心，有良好的学习和思考习惯，善于提出问题和解决问题，善于总结和反思	按照接力跑规则要求，起跑不触线，不抢跑，不干扰他人比赛，不串道，学会保护自己和他人，积极参与，善于观察发现、提出合理化建议等	20		20	
交往与合作	具有集体荣誉感，互相尊重、互相帮助，有良好的合作精神和体育道德，具备集体观念，能管理自己的情绪，学会分享与协作，换位思考，不封闭自己等规则意识	互相提示动作的正确做法，互教互学，服从指挥，在合作中完成小组活动，效果较好。能够完成接力跑的裁判助理工作，各司其职，遵守活动要求，敢于表达，遵守约定	20		20	

续 表

评价指标			自评		互评	
一级指标	二级指标	三级指标	满分	得分	满分	得分
情意表现	根据体育活动所表现出来的意志力、自信心及个体调控情绪力，相信自身能够完成一项教学任务，并勇于接受，积极参与课堂。在训练和比赛中，培养学生坚强不屈、坚持不懈的精神	能够自我调整情绪，了解自己的情绪，驾驭自己的情绪，识别、接纳他人的情绪，调控他人的情绪。在规则允许范围内积极争取权利，勇于接受结果，积极参与课堂活动，为团队贡献力量	20		20	
规则遵守与执行	遵守规则，按照协商规则进行	在规则运行的范围内争取最大化的团队利益	10		10	

3. 几种操作性较强的教学实践

教学实践1：稻田插秧

练习方法：每队第一名队员手拿秧苗从起点通过障碍地，来到沙地把秧苗依次插到预埋的空瓶中（每个瓶子之间的距离为0.5米），然后原路返回，每名队员6棵秧苗。第一名队员到达后，第二名队员重复第一名队员的过程，依次反复。

应用目标：适当改变接力的形式使学生进一步提高基本技能，发展快速奔跑能力，在比赛中体验运动的乐趣，分享遵守规则获胜的快乐。

实际操作：哨声一响，比赛开始。通过障碍地时脚掌部分必须踩在指定区域内，出现违规者该队成绩无效。哨声再响，比赛结束，6分钟内以插秧数量多的队为胜（见图2-12）。

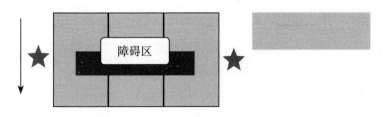

图2-12　稻田插秧

运用要点：依据不同的年龄段，适当增减奔跑的距离和插秧的次数，秧苗可以以其他道具代替，注意规则的相应改变，相同时间比数量，相同数量比时间。

教学实践2：达芬奇密码拓展

练习方法：

（1）在长条桌上，按照一定规律，散放一些扑克牌，A到K13张扑克牌正面向下放置，且不相重叠。

（2）每个团队每次只能派出一名队员去翻动扑克牌，并且每人每次只能翻动一张扑克牌，每组参赛队伍所有成员依次去翻牌，翻开的牌的顺序必须是从A到K。当翻开数字牌不正确时，要把数字牌再扣上；当数字是正确的，将数字牌正面朝上。不论数字正确与否，翻完后都必须返回，换下一名队员。在操作中，不允许任何一个队员语言提示，只能用肢体语言进行交流，有效提示一次总成绩加5秒，最终哪队最先按顺序翻牌成功，哪队获胜。

应用目标：让学生了解服从的重要性，有效的协助与合理的分工是为了更好地完成任务。学生需要在团队中识别自己的角色并发挥自己的优势。

实际操作：

（1）此项比赛进行两轮。第一轮为按顺序从A翻到K，摆放形式为4排3列，数字随机摆放。

（2）第二轮计时，换卡片种类，按顺序从A翻到K，摆放形式为金字塔形（1345摆放），数字随机摆放；最终翻出13张牌，哪队在最短时间内完成，哪队获胜。

（3）成绩认定：综合两轮比赛成绩。

积分：第一名9分，第二名7分，第三名6分……第8名1分（见图2-13）。

运用要点：接力跑中运用达芬奇密码进行教学，有利于学生提高团队执行力、凝聚力，快速发展奔跑能力，在团队中展现自身的价值，在合作中体验遵守规则的乐趣，明确遵规守纪是团队获胜的前提。

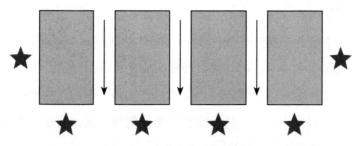

图2-13　达芬奇密码拓展组织

4. 接力跑比赛规则

（1）4×100米接力跑是分道进行的，接棒者可以在接棒区前10米内起跑。

（2）在4×400米接力跑中，第一棒全程及第二棒的第一弯道分道跑。

（3）第二棒运动员跑至抢道线后方可自由抢道。

（4）第一棒的传接必须在指定的线道内进行。

（5）所有接棒者均不可以在接棒区外起跑。

（6）接力棒必须拿在手上，直到比赛结束。

（7）若任何人掉了棒，必须由其本人拾回，而且要在不影响别人的情况下越出自己的跑道拾回接力棒。

（8）所有接力赛事必须在接棒区内完成交接棒。接棒区内的判定是根据接力棒的位置，而不是根据参赛者的身体或四肢的位置。

5. 接力跑的规则发展有关趣事

以美国队田径队为例。自2000年以来的10届田径世锦赛和5届奥运会上，有男女4×100米和4×400米接力跑，四个接力项目总共60场比赛。其中50%的比赛由美国队接力队夺冠，另外30%的接力比赛没有成绩。在比赛中犯规、掉棒的情况经常出现，已成为美国田径队的标签。由于犯规的次数太多了，美国队开始进行申诉，仔细研究接力比赛规则的漏洞，寻求申诉的理由。我作为田径迷，印象深刻的是在2016年里约热内卢奥运会上，美国女子田径4×100米接力队在预赛中出现交接棒失误导致没有成绩，但她们以受到临道选手干扰为由进行了申诉，竟然史无前例地获得了单独重赛的机会，在没有同场竞技对手下完成重赛，并且成功挤掉了本来晋级的中国队女子接力队，晋级决赛，最终夺取女子4×100米接力赛冠军。

在2021年举行的东京奥运会上，在7月30日进行的4×100米接力预赛中，美国队在小组比赛中第一个撞线，通过视频回放发现美国队第一棒选手戈德温和第二棒选手厄比因为在接力区外完成交接棒，裁判当场判其犯规取消成绩。但美国代表队连夜进行申诉，以接力比赛现场的裁判让厄比站在了错误的位置为由使美国队重新恢复了比赛资格。

这两次申诉成功事件是在规则许可范围下争取利益的最大化。学生在简易的规则共建下，在保障安全的前提下，可以为团队争取，享受争取的过程，逐步了解完整规范的规则。

四、障碍跑、跨栏跑、自然地形跑等教学实践和规则意识构建

1. 障碍跑、跨栏跑、自然地形跑等教学特点

小学阶段的障碍跑可以发展速度、灵敏、耐力等身体素质和越过障碍的能力，培养勇敢顽强和不怕困难等优良品质。小学阶段的跨栏跑属于越过障碍能力的范畴，在教学中以形成学生正确的跨越方式为主。障碍跑的形式有很多，一般采用"跨上式""跨步式""手脚并用式""钻过式""攀爬式"等方式进行。而自然地形跑则是依据不同的地形或设置相应的障碍进行。

2. 障碍跑、跨栏跑、自然地形跑等教学规则意识的构建与评价

这类教材的教学中，可参照快速跑的评价适当做出改变。一般以学会并掌握越过障碍的方法，保障安全的前提下并在快速奔跑中完成为标准。需要学生能够对个体能力进行良好的预判，并选择合理的通过障碍的方法，遵循一定的规则要求，保持适当的间距进行。对于有困难的学生可协助通过。

3. 几种操作性较强的教学实践

教学实践1：重走长征路——障碍接力练习

练习方法：学生分为人数相等的4~6组，学生依次进行，依据教师提供的障碍物创设情境（跨过金沙江——爬雪山——过草地——穿过封锁线——胜利会师），按照固定秩序和自设秩序进行障碍接力。

应用目标：提高学生越过障碍的能力，寓运动于情景之中，用红色精神鼓舞、激励学生，使学生感受来之不易的美好生活，增强民族的自豪感、传承感。

实际操作：教师模拟红军长征历程，学生体验，先分组讨论在遵守规则的前提下，通过每个障碍的最佳办法，首先进行尝试，在全体学生熟练运用通过障碍的方法后进行比赛。

运用要点：适当在不同的阶段设置相应的音乐，辅助语言创设。亦可一人先通过，往返后和第二人一起协同通过，再接第三人共同进行……依次类推，协力完成，使不同体能的学生都得到提升。强化规则的遵守，以规则引领进行学练。

教学实践2：春游之旅

练习方法：学生分为人数相等的4～6组，每组成员集体进行，按照体育卡片提供的行进路线和要求逐一打卡进行练习，每个打卡点一人违规，则团队暂停5秒，累加实施。练习中不得使任何人脱离集体，小组中有一人掉队，则小组团体成绩取消。以团队最先到达目的地的队伍为胜。

应用目标：提高学生集体通过障碍的能力，凝聚团队精神，在团队中发展自身，提高互帮互助、团结共进的团队意识，阅读规则，敬畏规则，培养规则意识。

实际操作：学生每组依次进行跳过小溪——驾驶汽车——转乘火车——集体协作过河——搭起小屋——篝火联欢。每小组按照卡片要求依次进行，成员共同协商，群策群力完成挑战。

运用要点：团队形式完成，强化每一个节点的规则意识，严格按照规则执行，注意安全教育，学会快速越过障碍的方法。团队行进以手拉手或者手拉乾坤圈的方式。改变练习的方式，可采用积分形式进行，违规一人次扣1分，最先到达的队伍得100分，第二名得98分，间距2分实施名次赋分。最后减去违规分值，为团队积分，积分最高的团队获胜，获胜团队集体获奖。

跳跃类教学实践和规则意识构建

在小学阶段主要的教学内容为递进式，包括单起双落、立定跳远、急行跳远、蹲踞式跳远、急行跳高、跨越式跳高等。

教学内容的简要分析

跳跃是日常生活中常见且经常用到的一种人体活动，是人体运用自身的能力，通过一定的运动形式，使人体腾越过一定的高度和远度。它是非周期性运动项目，按其运动特点属于速度+力量性项目。对运动成绩起决定作用的是个体的速度素质和爆发力。我们一般将跳跃分为助跑、踏跳、腾空和落地四个紧密相连的运动阶段。尽管各个项目水平位移的距离不同，抛射的角度和次数不同，但无疑其共同点是从水平位移转变为抛射运动。

助跑的目的是获得一定的水平速度，它是决定远度和高度的主要因素。所以，助跑要求节奏和跑的步幅要稳定，上体适当前倾，摆臂有力，最后几步上体正直，适当降低身体重心，节奏在此时的要求更为明显。起跳的目的是改变人体运动的方向，不论哪一种形式的起跳，均要求身体的各部位动作协调配合，用力一致。腾空时人体的空中动作主要是为了维持相应的平衡，在空中围绕着身体重心做各种合理的动作能起到补偿作用，这在跳高中更为明显。正确的落地能够积极地缓冲和防止受伤以及争取更远的距离。

一、跳远教学实践和规则意识构建

1. 跳远教学特点

跳远是克服水平障碍的远度项目，它借助于助跑产生的水平速度，单脚用力起跳，以18°～24°的腾起角度，把身体抛射出一定的距离，双脚同时落地，以踏板的前沿到

图2-14 蹲踞式跳远解析图

身体落点的最近距离计取成绩。小学阶段的跳远教学，以培养学生运动兴趣和发展跳跃能力为主，从单起双落——立定跳远——急行跳远——蹲踞式跳远呈现递进式的技能学习过程，符合学生的身心发展特点（见图2-14、图2-15）。因此要在游戏中渗透技术教学，逐步进入完整的规则培养，使学生掌握基本技术，学会简单的测量步点的方法，为今后进一步学习打下良好的基础。

立定跳远项目的完整技术分预备姿势、起跳腾空和落地缓冲三个部分

1. 预备姿势：两脚左右开立，比肩稍窄；两臂前上摆时，两腿伸直，脚后跟稍抬起；两臂后摆时，屈膝降低重心，上体稍前倾。

2. 起跳腾空：决定起跳时，加大两臂后摆幅度和两腿屈膝幅度，身体重心落在前脚掌上，随着两臂有力向前上方摆动。两腿快速用力蹬地，下肢踝、膝、髋关节充分伸直。上肢展腹挺胸，使身体向前上方腾起。

3. 落地缓冲：两臂自前上方向前下方用力摆动的同时，收腹举腿，两腿前伸，脚跟先着地，屈膝缓冲，身体重心迅速移到脚着地点，两臂前伸，维持身体平衡。

图2-15 立定跳远动作剖析图

2. 跳远教学规则意识的构建与评价

其主要规则构建是：单起双落——跳单双圈，规则简单明了，教学时强调练习的秩序性和练习间隔；立定跳远的练习强调双起双落；急行跳远和蹲踞式跳远接近正式项目的技能。跳远是通过一定距离的助跑，在踏板前沿，以单脚起跳、双脚落地的动作。其中突出踏板前沿（练习一般选用踏跳区域内）进行起跳，双脚同时落入沙坑或垫子上的运动规则。教学评价依据学生学习的态度，运动技能的提高，运动规则的遵守，分层实施。

3. 几种操作性较强的教学实践

教学实践1：连续膝盖顶一定高度的软排练习

练习方法：学生分为人数相等的8～10组，每组一名同学上手手持软排置于体前30～40厘米、高80～100厘米处，其余同学依次双腿连续起跳5～6次，用双膝触碰软排，轮换交替进行。

应用目标：提高学生快速双脚起跳、膝盖上顶的能力，发展学生的爆发力、上下肢的协调能力，让学生体验快速摆臂发力上顶。

实际操作：教师事先画好练习的区域，持软排者和练习者的站位位置进行打点，避免距离过近，产生身体接触。持软排者和练习者进行角色转换，持软排者快速跑至队尾等待练习。

运用要点：讲清要求，遵规轮换进行，保持间距，原地体验。

教学实践2：双脚夹沙包比远练习（见图2-16）

练习方法：学生分为人数相等的8～10组，每组一名学生站在抛出线后，用双脚脚背内侧夹住沙包，双臂积极上摆制动，双腿向前上方起跳，把沙包抛出，依次轮换进行，记录个人最好成绩。

应用目标：进一步提高学生摆臂制动、双腿积极快速向上起跳、小腿迅速前伸的动作意识。

实际操作：学生依次站在线后，快速起跳将沙包抛出，用制作的便携式远度测量工具记录沙包远度，争取创造个人最好成绩。

运用要点：分组进行，记录成绩为沙包距离起跳线最近的垂直距离，依沙包的落地痕迹最近处测量，掌握测量远度的方法，学会正确地观察落地点并正确读出成绩。

图2-16　双脚夹沙包前掷

教学实践3：跳过一定坡度和高度的体操垫练习

练习方法：学生平均分为人数相等的8～10组，每组同学采用双脚起跳的方式依次越过一定坡度和高度的体操垫。

应用目标：提高双脚同时起跳的能力，发展快速起跳能力和爆发力，上下肢协调用力。

实际操作：学生分组进行，间距一定的距离设置一定坡度和高度组合的体操垫，先坡度后高度进行，学生跳跃间距保持两个障碍物的距离进行。

运用要点：强化间距和顺序，明确规则要求，采用单脚或双脚起跳的方式进行，先单脚后双脚，视障碍物和个人能力有所选择。

教学实践4：连续收腹跳练习

练习方法：站姿准备，双手直臂置于体侧，下肢蹬地起跳，双腿屈髋屈膝，大腿触碰腹部，同时双手抱膝，落地还原站姿，依次重复。此处亦可采用双膝夹沙包向前向上抛出进行，比一比谁抛得高或远，学生可自己商讨规则进行练习。

应用目标：加强下肢爆发力和核心肌群的控制能力，提高上下肢协调配合能力。

实际操作：双脚同时用力蹬地，下肢尽量触碰腹部，避免躯干过度前倾，或者比远、比高时越过一定高度的横绳积分进行。

运用要点：强调膝盖上顶的动作，运用协商的一定规则进行。

教学实践5：跳电话号码比赛（见图2-17）

练习方法：学生平均分为人数相等的8～10组，一名学生站于起跳线后，起跳线前按照一定的间距摆放0～9十个数字碟，并张贴相应的线，运用立定跳远的动作连续完成自己熟知的电话号码，依次进行。

图2-17　跳电话号码

应用目标：提高快速起跳的能力，发展核心肌群的控制能力，上下肢协调连贯，以任务驱动的方式进行学练，激发学生的练习兴趣。

实际操作：运用标志碟摆出0～9十个数字，每个数字间距10厘米，学生按照自己最熟知的电话号码的顺序连续跳到相应的数字线上。

运用要点：落点准确，连贯协调，练习2～3遍后，可一人喊电话号码，一人练习，或者适当增加数字之间的间距，亦可进行两人一组挑战等组织形式进行学练。

4. 跳远的规则发展有关趣事

鲍勃·比蒙"跨世纪"一跳。1968年10月18日在墨西哥城第19届奥运会上，鲍勃·比蒙以8.90米的惊人成绩获得男子跳远金牌并创造世界纪录。比赛是在墨西哥的高原场地上（海拔2248米）进行的。他创造的纪录比原纪录

（8.35米）提高了55厘米！提高率达6.59%，是世界田径史上罕见的成绩，被誉为"神话般的世界纪录"，他是在第一次试跳时取得这一成绩的。有人说："比蒙的这一跳是进入21世纪的一跳"。

鲍勃·比蒙的"世纪之跳"是跳远项目中一座难以逾越的高峰。当时比赛现场的测量器材甚至够不到比蒙的着陆点。他的"世纪之跳"被命为20世纪伟大的五大运动时刻之一。"更快、更高、更强"是历届奥运选手毕生追求的目标。鲍勃·比蒙在1968年墨西哥城奥运会上所创的8.90米纪录，在此后的20余年中，世界田坛有多名顶级跳远高手都试图冲破这一跨世纪的一跳，但均失败了。直到1991年8月30日，在东京举行的第3届世界田径锦标赛，美国优秀的跳远运动员鲍威尔才以8.95米的成绩打破沉默了23年之久的世界纪录。

1991—2021年世界纪录又保持了30年，但是鲍勃·比蒙创造的奥运纪录依然是8.90米，至今未被打破。

二、跳高教学实践和规则意识构建

1. 跳高教学特点

跳高是小学生比较喜欢的运动项目之一，其项目本身具有的挑战意识能使学生愈挫愈勇，是具有实用意义的健身教学项目。它在小学阶段为急行跳高和跨越式跳高，其动作过程和跳远一样，是包括助跑、踏跳、腾空过杆和落地四个紧密衔接的过程的非周期性运动项目，小学阶段通过学习使学生掌握简单的过杆方法和建立正确的动作概念，教学中主要发展学生的跳跃能力。教学中可适当说明依据过杆姿势的不同，跳高的运动发展经历了跨越式跳高、剪式跳高、俯卧式跳高、背越式跳高等姿势的不断进步。小学阶段的跳高主要由侧面直线助跑开始，用远离横杆的一腿起跳，腾空后，摆动腿先越过横杆后内旋下压，两臂由后向上摆，使臀部迅速移过横杆，同时上体稍前倾并向横杆方向扭转，起跳腿高抬外旋过杆，落地时身体侧对横杆，两腿依次落地缓冲（见图2–18）。

图2-18　跨越式跳高

2. 跳高教学规则意识的构建与评价

其主要规则构建是：教学中强调以单腿起跳；学生在越过横杆之前，其身体任何部分触及跳高架立柱之间或是横杆延长线垂直面以外的地面的落地区，都应该判定为试跳失败。正式的比赛中运动员在跳跃后，离开垫子前横杆如果由静止状态落下，就应该判定为此次跳跃失败；在越过横杆之前，身体任何部位触及立柱之间、横杆延长线垂直面以外的地面或落地区，则判定为一次试跳失败。而在实际教学中要简化规则，一般以单腿起跳，横杆由静止状态落下，身体越过投影面触及杆或跳高垫为一次试跳失败；每个刻度正常情况下有三次试跳机会。

3. 几种操作性较强的教学实践

教学实践1：武术——里合腿、外摆腿练习（见图2-19、图2-20）

练习方法：武术中的直摆性腿法里合腿和外摆腿，从单个动作的运行路线与跳高动作的起跳腿和摆动腿有共性，而在实际教学中，摆动腿和外摆腿的直腿外摆，起跳腿和里合腿的内收，抛去严格意义的动作路径不说，其动作锻炼价值和练习方法值得借鉴。

图2-19　武术外摆腿

图2-20　武术里合腿

应用目标：提高过杆能力，左右腿协调配合，加强核心力量。

实际操作：课前安排学生借助网络或家庭成员学习武术的里合腿和外摆腿，课中引导学生把里合腿和外摆腿进行有效组合，在确定起跳腿的基础上进行组合，从而自然地过渡到跨越式跳高的教学中。

运用要点：强调动作的连贯性，横杆（或皮筋）由一定角度斜放逐渐上升为正常，同时为增加练习密度，采用"一个中心点，五六角形来相助"的场地布置。

教学实践2：左右跨跳橡皮筋练习

练习方法：学生分为人数相等的8～10组，每组两人相对撑起橡皮筋拉开一定距离，其余学生采用跨跳前进方式连续跨越橡皮筋，6～8次后轮换。

应用目标：解决跨跳问题，初步体验完整动作，明确起跳腿和摆动腿，掌握起跳方式。

实际操作：橡皮筋首先与地平，而后随着学生体验逐渐增加高度，升高顺序位置为地面—脚踝—小腿肚—膝关节等。每个高度体验1~2次，轮换及时。

运用要点：皮筋拉开距离，橡皮筋上保持两人的练习密度，逐级进阶，不断挑战，随高度的增加尝试加入助跑完成，及时轮换进行。

教学实践3：两腿连续踢体操垫练习

练习方法：学生分为人数相等的8~10组，每组一学生手持小体操垫放到与腰同高的位置，依据队友身高上下移动，使每名队友能够在助跑3~5步的情况下踢到体操垫，按顺序依次进行，6~8次后交换持体操垫同学。

应用目标：掌握助跑与踏跳的方法，确立个体起跳腿，摆动腿直腿上摆，起跳腿跟进等动作技能。体验过杆动作的位移，两腿依过杆的顺序及落地缓冲。

实际操作：学生依次可先确立起跳腿，用摆动腿积极上摆踢体操垫练习，体验熟练后，采用两腿依次踢体操垫练习、两腿依次踢体操垫后落到一侧的大体操垫上练习。

运用要点：上下肢协调用力，助跑起跳踢体操垫逐级进阶，先易后难，逐渐过渡到完整动作的练习，强调落地位置，形成动作空中位移顺利过杆，两腿依次落地缓冲。

教学实践4：双腿依次画彩虹桥练习

练习方法：学生分成四列横队间距2米站立，两两相对，分别模仿心中夏季雨后美丽的彩虹，用腿依次画出彩虹挂在空中的形状。

应用目标：通过预设情景的模拟，使学生明确摆动腿和起跳腿的先后关系，初步体验跨越式跳高腿的摆动、过杆的模仿动作，形成连贯有序的动作。

实际操作：学生相距一定距离分布在跳高场地两侧，互相比一比谁画的彩虹像桥一样挂在空中，两腿依次画彩虹，比一比谁画的彩虹挂得高，轨迹流畅，并相互借鉴，交流提示。

运用要点：形象地模仿，教师及学生创设良好情境，相互之间展示竞赛，交流分享提高。

4. 跳高的规则发展有关趣事

在2021年东京奥运会男子跳高决赛场上，卡塔尔选手巴尔希姆和意大利选手坦贝里成绩相同，按照规则需要调整高度决出第一名，但两人都无法打破自已此前的跳高成绩，最终两名选手决定分享这枚金牌，成绩定格在2.37米！跳高项目的双冠军不仅是奥运会的一个新历史，更是对奥林匹克更快、更高、更强、更团结精神的另一种诠释！令我更感动的是两人之间的故事。原来两个人在参加奥运会之前就相互认识，是很好的朋友。坦贝里受过很严重的伤，对于跳高的梦想一度想要放弃，正是巴尔希姆的鼓励和友谊让他重新振作起来，克服身心的创伤，走进跳高的赛场，不断磨砺，二人携友谊共同提升对跳高的认识和征战，相互激励，使他们重新成为伟大的跳高运动员。在2021年东京奥运会上创造了属于他们的奇迹，让世人见证了他们的友谊，传播了奥运精神的真谛。

撑竿与爬竿

在1904年举办第3届奥运会时，如今的国际田联还没有成立，竞赛规则也未统一。在比赛中大家各显其能，使用什么形式的都有。在撑竿跳高时，五花八门的过杆动作更是令人叹为观止。在轮到日本选手富达依进行试跳时，他信心满满地走到横杆下，把撑竿一端深深地插入沙堆，使撑竿直立向上。随后抓住竖直的撑竿顺利地爬到了顶端，轻松地越过杆跳了下来。他采用的爬竿进行跳高的动作使观众被震惊到了！裁判员更是不知所措，最终他的成绩被判定无效。现场裁判员们协商后告诉他，手持撑竿加以助跑起跳的成绩才有效。富达依似乎明白了，只见他手持横竿，稍加几步助跑，然后又喜剧重演，并获得最好成绩。从此规定撑竿跳高必须有一段距离的助跑，以单脚起跳后撑杆越过横杆，途中不能使用双手上爬进行过杆。这条撑竿跳高规定一直沿用至今。事后了解所知，原来富达依是日本非常有名的杂技演员，能在竖直的撑竿上双手交替不断上爬。

投掷类教学实践和规则意识构建

1. 投掷类教学特点

就小学阶段投掷类的教学来说，投掷的器械均有一定的重量，分为单手和双手投掷，包含掷远和掷准两个方面的动作学习。众所周知，投掷项目的技能学习是一种斜抛运动，我们依据物理学计算斜抛物体的飞行距离公式：初速度的平方乘以正弦2倍角除以重力加速度，从而得出斜抛物体的飞行距离。不难看出，物体的出手初速度和出手的角度决定着距离，增加出手初速度明显大于增加出手角度的效果。不同的投掷项目均有不同的理想出手角度。基于此，投掷技能的教学对于发展学生的上肢、肩带、腰腹等力量有很好的练习作用，练习中应注重安全第一的原则，做到令行禁止，不对人投掷。依据学习中易出现的腰腹力量不够、两臂和腰腹的协调用力不一致，没有掌握合理的出手角度等问题采用相应的练习方法。小学阶段投掷教学内容主要包括持轻物掷准、掷远、双手前掷实心球、双手从头后向前掷实心球等。针对其运动项目相对枯燥乏味的特点，教师围绕激发学生的兴趣，使学生学会正确的用力方法，在加强全身协调用力和最后快速用力练习的基础上提高练习成绩来进行教学设计。

2. 投掷类教学规则意识的构建与评价

其主要规则构建是：在固定的区域内或投掷区前采用单手或双手进行，在体育教师或小组长统一口令下的拾与掷的练习，强调令行禁止，听令而动。

3. 几种操作性较强的教学实践

教学实践1：往墙上钉钉子练习

练习方法：学生成四列横队，间距2米，教师语言提示，创设往墙上钉钉子的情境，学生根据创设的情境进行动作模仿。

应用目标：学生体会肩上屈肘动作，体会动作的发力顺序。

实际操作：学生两人面对面站立，比一比谁的动作形象生动，惟妙惟肖，互相纠错和提示。

运用要点：学生进一步体会肩上屈肘动作，体验蹬转连贯的用力顺序。重点体会肩上屈肘动作，可尝试用轻物代替钉子进行。

教学实践2：后引拿板凳上轻物掷远练习

练习方法：学生分为4～6组，一小组学生在组长的统一口令下，手臂后引拿放置在小板凳上的轻物，经后向前掷出，另一小组学生放置轻物并提示做法，3～4次后统一进行。

应用目标：使学生体验持球后引的动作顺序，掌握正确的发力顺序，避免用掷准的动作进行掷远。

实际操作：学生每组分为2队，两两相对，间距2米，一队学生试掷，另一队学生放置轻物或主动把轻物放到投掷者手里，并提示动作做法，轮换进行。

运用要点：轻物放在板凳上，亦可主动去拿后边同学手中的轻物练习。

教学实践3：架设炮台发射炮弹练习（见图2-21）

练习方法：学生2人为一组，平均分布于半径为10米和9米的同心圆上，面向圆心外侧进行练习，练习时一人手持红领巾或皮筋等双手举过头顶，模拟架设炮台，后方一人模拟发射炮弹进行练习。

图2-21　发射炮弹

应用目标：提高学生的快速投掷能力，解决学生投掷时出手角度不准的问题，让学生体验不同轻物的投掷，提高动作质量。

实际操作：学生每次分别从炮台后掷出羽毛球、乒乓球、沙包、纸团等轻物，听到统一口令后拾回，2~3次后轮换进行。

运用要点：模仿逼真形象，注重规则意识培养，统一口令进行拾与掷，严格要求炮台和发射炮弹者之间的间距，做好互相监督和提醒。

教学实践4：十字路口钟表图形练习（见图2-22）

练习方法：学生平均分为4组，每一组分别站在十字路口的四个区域的钟表图形上，一队在统一口令下拾与掷，另一队观看学习，轮换进行。

应用目标：以十字路口的生活情景，映射活动中要注意安全，提高练习的密度，发挥体育骨干的力量，激发学生的练习兴趣，使学生积极主动地展示自己。

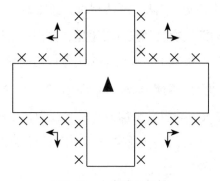

图2-22　十字路口投掷

实际操作：学生分小组，在小组长的统一口令下进行练习，注意间距和试掷不同的轻物以增加练习的密度与增强肌肉的记忆。感受不同轻物的投掷，体验完整的发力顺序。在此环节中亦可设置积分比远、击打移动目标等。

运用要点：一定避免投掷教学中的对面投掷，严格强调统一口令下的拾与掷。准备不同重量的轻物让学生体验，最后统一口令进行掷远比赛积分等。

教学实践5：跑掷结合练习（见图2-23）

练习方法：学生平均分成8~10组，每组学生持沙包（轻物）跑到固定点后，将沙包（轻物）掷过前方一定高度的横绳并快速拾回，依次进行练习，没有掷过横绳的学生在原地做5次波比跳后，拾回沙包（轻物）。依次进行。

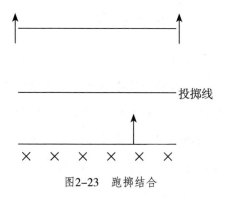

投掷线

图2-23　跑掷结合

应用目标：进一步提高学生的综合素质，在实际情境中完成投掷动作的练习，既达到了投掷动作的巩固提升，又解决了出手角度的问题。寓技于乐，身心俱获。

实际操作：在学生对面设置一定高度的横绳，学生分组依次进行，跑到固定区域后，将沙包（轻物）掷过前方一定高度的横绳并迅速拾回，没有掷过横绳的同学视情况做3～5次波比跳，亦可在横绳上设置固定的标志物让学生击打，采用固定和移动两种方式进行。

运用要点：严格执行规则，不准抢跑，在固定区域内掷出。

教学实践6：甩绳或甩红领巾

练习方法：学生两脚前后开立（右手练习时，左脚在前；左手练习时，右脚在前），手握短绳或红领巾、纸炮等轻物做出"甩鞭"的动作。练习中主要体会上下肢及鞭打动作。

应用目标：体会鞭打动作，增强出手速度，上下肢协调联动。

实际操作：学生采用一对一或面对面站立，比一比谁甩得响，注意安全，相互交流。亦可用击打饮料瓶比响、甩纸炮等方式进行。

运用要点：手腕放松，动作正确，用力迅速，不对人，掌握练习的安全距离，遵守规则进行。

4. 投掷类的规则发展有关趣事

不靠技术比运气

第2届奥运会是在法国巴黎举行的，比赛的东道主把一些项目穿插在同时举行的国际博览会中进行。当时的田径赛场被安排在地区相对狭小、行进的跑道崎岖不平、土质较为松软、杂草树木枝杈横生的布隆斯基的林区举行。比赛场地内长满大树，投掷出去的铁饼、链球等绝大多数会受到大树枝丫的阻拦。只有穿过树杈之间的空隙，才能投得更远。有趣的是上届冠军——美国选手加列特投出的铁饼全被大树的树杈挡住，并且是"屡投屡中"，最终成绩一般。但匈牙利选手鲍埃尔运气相当不错，掷出的铁饼正好从几个树杈之间穿了过去，尽管距离并不是很远，但因为其他选手的铁饼都被权挡住了，所以他最后获得了此项目的冠军。

依葫芦画瓢的冠军

在第1届奥运会上，来自美国普林斯顿大学的加勒特，在自己的体育认知中从来没有接触过铁饼运动，但他却幸运地获得了铁饼项目的奥运冠军。加勒特十分热爱艺术，喜欢体育运动，臂力过人，特别是对意大利文艺复兴时期的《掷铁饼者》这一作品钦佩得五体投地。当他得知将在雅典举行第1届奥运会时，很想参加比赛。当时的美国田径没有此项目，加勒特连铁饼是什么形状都不知道，别说如何投掷了。于是，他就按照米隆的雕塑人体与铁饼的比例自己制作了一个铁饼，并模拟《掷铁饼者》的姿势进行练习，来到雅典比赛时他才发现铁饼是那么的轻（比自己制作的轻多了——现在的铁饼比当时的重），因此他没费多大力气就投掷了59.15米远的距离，很轻松地获得了铁饼比赛的冠军。

第三章

体操、舞蹈类教学实践和规则意识的构建 **3**

体操、舞蹈类教学内容是学校体育课程中重要的组成内容，通过体操、舞蹈类教学内容的学习，能够进一步发展学生的身体素养、运动技能、体育品德；能够对学生的意志品质、心理素养、发现美和欣赏美的情操起到极好的培养作用；在学练动作技能的同时，掌握一定的自我保护技能，挖掘自身潜力，展现不一样的自己；在对自我和团队的欣赏中提升规则意识，强化规则行为。

体操、舞蹈类教学内容丰富，形式多样，易于普及，对于全面发展学生的身体有着不可替代的锻炼价值。经常参与体操类的练习，能够使人体各器官在形态和功能上更加完善，锤炼心理，塑造健美形态，端正姿势。针对当下小学教师在体操、舞蹈类教学的现状，我一直在思考用何种方式方法解决面临的问题，改变一直以来教学相对难度较大、教师和学生顾虑多、场地器材实用繁杂、教学课时相对较少、教师专业资源不足等一系列问题影响教学效果的现状。本书相应针对性地收集整理了一些前沿、实用的教学实践，以促进教学效果的提升。

了解体操教学中不同学段的思维发展及动作特征、学习特点（见表3-1），有助于提升教学效果，激发学生的学习兴趣。

表3-1 不同学段的思维发展及动作特征、学习特点

学段	思维阶段	特征表现	动作特征	学习特点
水平一	以直观形象思维为主	直观、形象、外部属性为主	大肌肉群发展较快，小肌肉群跟不上发展速度，相对较弱	视觉（第一信号系统）为主，对直观形象的模仿，生活经验引领
水平二	形象思维向抽象思维过渡阶段	形象思维向抽象思维过渡	小肌肉群有所提升，灵活性增强	视觉（第一信号系统）依赖诱导、启发式教学，体验式教学
水平三	抽象思维向发散思维过渡阶段	思维逐渐向本质（问题内部）过渡	自我调节、自控能力提升，对肌肉的控制精准度增强，灵巧性逐渐增强	经精简的语言、直观的挂图、准确的描述，提示能够正确做出动作

　　本书第三章"体操、舞蹈类教学实践和规则意识的构建"主要从基本的体操入手，选择合适的梯度及纵深发展学生个体身体素质，渗透规则意识于活动中，与时俱进地进行核心素养的提升。多维度、多视角、多层次地进行规则意识的教学，以达到抛砖引玉、举一反三和融会贯通。主要内容包括以下几个方面。

　　① 基本体操教学规则意识构建——队列队形、广播体操等。

　　② 技巧类教学规则意识构建——基本的滚动、滚翻、跪跳起、肩肘倒立、仰卧推起成桥、侧手翻、技巧组合等。

　　③ 轻器械与器械体操类教学规则意识构建——体操棒、单杠等。

　　④ 支撑跳跃类教学规则意识构建——山羊、跳箱等。

基本体操教学实践和规则意识构建

1. 基本体操教学特点

体操是通过徒手、手持器械和在器械上完成各种类型与不同难度的单个或组合动作的练习，是人体有意识地控制身体进行展现力与美、曲线与姿势美、形态美的体育项目。

在小学阶段，基本体操的教学内容包括：队列队形的练习和校园韵律操的教学（雏鹰起飞）及自主开发的律动操。队列队形的练习是小学阶段基本的教学内容，应该在每一节课均有呈现，在队列队形练习中，让学生体验一些随集体完成的规定动作的操练。队列是根据中国人民解放军队列条令规定的动作演化而来，队形是在队列的基础上所做出的各种队形或图形的变化。队列队形的学习能培养正确的站立、行进等良好的身体姿势，掌握队列集合与解散、队形变化等基本的队列常识，形成整齐划一、团结共进的集体精神品质。而韵律操的教学遵循人体各个部位的特点，依照一定的顺序，进行手、脚及身体形态变化组合的徒手身体练习，有条件的可结合相应的器械进行。它有相应的口令或律动节奏进行指挥。它的创建一般依据人体的结构或者相应的人体锻炼价值，遵循人体的生理、心理活动规律，考虑对象的年龄、性别、特点和身体发育敏感期等，它是学校体育锻炼身体的一个重要载体，承载着开展阳光体育运动和丰富校园文化的必然使命。

在小学阶段的体操教学中，能够从最基本的坐、立、行到基本体操、技巧组合等全面发展学生的身心素养；使学生的协调性、灵活性、力量与平衡、速度与节奏等素质得到不同程度的提升和独特的锻炼价值。针对体操项目教学中学生对动作和场地器械的畏惧，通过学生之间的保护与帮助，团队之间的互助和鼓励，师生之间良好的关系和交流来克服恐惧与胆怯，培养了积极向上、勇于进取的精神品质，提升了社会适应能力；通过运动培养了发现美和欣赏美的能力，提高了机体对肌肉的控制能力，使身心得到一定锻炼与提升。

体操动作具有复杂性、技巧性以及连续性、伸展性、结构的完整性，是非周期性的动作。所以，在教学中一定要按照其动作特点的内部规律、结构进行有的放矢的教学。在教学中教师的困惑大多是学生如何跟随口令或节奏做出相应的动作姿势，如何提高其教学的效率和效果。这是我们一直研究的课题。本章节就具体做法进行如下探讨。

2. 基本体操教学规则意识的构建与评价

其主要规则构建是：动作整齐划一、准确、到位、跟上节奏；教学时从集体观念、组织性、纪律性入手，在团队中发展；评比要有个人的评比，更应使团队占较大的比重。分清动令和预令，不抢拍、不拖拍。

3. 几种操作性较强的教学实践

教学实践1：我是列兵

练习方法：学生分小组进行，每组之间相隔一定距离，在固定场地上进行学练。模仿所见的国庆阅兵式或天安门前国旗护卫队的飒爽英姿，增强民族自豪感。"口令由我发，我来指挥我队伍"。

应用目标：学会运用动令和预令进行指挥，体验指挥的意义。增强学生学习的积极主动性，提高学习效率。

实际操作：学生分组进行，以体育骨干辅助教学，轮流当列兵进行值日领练。

运用要点：拿出列兵精神，感受队列文化传承，融入集体意识，在团队发展中提升自己。遵守规则，动令和预令清晰，动作干净利落，准确到位，按口令执行动作。

教学实践2：动作慢放展风采

练习方法：各小组或教师利用手机或录像设备对正在练习的学生进行录制，并通过多媒体及时播放，共同寻找练习的不足及精彩之处。

应用目标：技术支持教学，技术服务教学，进一步提升教学的质量和效率。

实际操作：课前教师选取一定位置放置录像设备，通过遥控的方式进行录制，课堂终了及时观察，发现学生练习过程中共性的地方并进行展示，对于错误的动作及时慢动作播放，纠正错误或展示优秀动作。

运用要点：观察细致，及时录制播放，对教材易犯错误了然于胸，对共性的地方加以提升；或者播放动作的关键处，慢动作学习使学生更容易掌握技术要领。

教学实践3：轮流领做促提升

练习方法：学生分为人数相等的8～10队，每队一名学生带领本队成员进行操练，尝试运用口令指挥并领做，4～6个口令后轮换进行。

应用目标：使学生掌握口令的预令和动令的区分与使用，在实践中体会动作口令的一致性，感受队列不同位置和相互之间的配合，体验团队精神，感受每一位成员的重要性，学会换位思考。

实际操作：学生分组进行，体育骨干发挥模范带头作用，引领和帮助本组成员完成轮换任务，并正确进行口令的指挥，以动作做法带动，在互相帮助中完成动作的学习和进一步的提升，在各组学练成果展示中感受队列和团队精神。

运用要点：分组注重成员搭配，尽量做到优、中、差的平均分布，以团队集体精神去感受和唤醒，轮换进行，互帮互助，遵守规则，大胆学练，共同提高，成果展示。

教学实践4：队列展演有造型

练习方法：学生分为人数相等的4队，模仿阅兵式进行队列口令的组合练习，按入场——展演——出场，进行团队展演。要求一人指挥进行。

应用目标：发挥团队能力，凝聚团队战斗力，培养团队精神，熟练运用队列口令，会指挥，动作准确到位，能参与，协同共进。

实际操作：学生分组课下收集队列展演的形式和出入场方式，在固定组合队列知识的基础上进行创编，发挥团队能力，在规定时间内完成队列口令组合的展演。

运用要点：教师和学生协商需要展演的口令组合、展演时间、评委选聘

（其他任课教师参与）、评价标准，明确展演规则，分配角色进行。

教学实践5：快速队列集合有窍门

练习方法：将全体学生分为人数相等的4队，依据一副扑克牌中的花色（黑桃、梅花、红桃、方片）进行命名。队伍名称为黑桃队、梅花队、红桃队、方片队。依次用不同花色的A、2、3、4……J、Q、K为每个队员编号，体育委员为小王等如此进行分队。或者以其他水果种类、游戏战队名称等进行分组，以此类推，加以利用。

应用目标：分队便于学生识记，提高学生的队列意识，使学生明确自己的团队，能够快速、准确地记住自己的位置，激发学习队列的兴趣。

实际操作：在实际运用中，教师结合叫号让学生出列，快速集合到某个位置进行集合等队列比赛，进一步巩固学生的位置感。

运用要点：围绕生活设置学生喜欢、贴近其身心特点的命名，使学生学会注意观察自己和教师之间的距离，生生之间的距离，认清教师快速集合的手势。培养规则意识，学生明确听到教师哨音后，不管在干什么，首先停止或完成一个动作后面向教师，听清教师口令内容后再迅速行动。

技巧类教学实践和规则意识构建

1. 技巧类教学特点

技巧的学习是学生喜欢的内容，能够使学生个体的灵巧性和柔韧性得到良好的发展，特别是能够提高前庭分析器的功能及支撑运动的肌肉紧张与放松相互间的协调能力。通过技巧的学习还能够增强各关节韧带的力量，强化关节周围小肌肉群的协同作用。在小学阶段主要内容包括基本的滚动、滚翻、跪跳起、肩肘倒立、仰卧推起成桥、侧手翻、技巧组合等。

2. 技巧类教学规则意识的构建与评价

其主要规则构建是：技巧的动作练习要求由礼始，由礼终，形成一种自我认知。在教学中学会自我保护、同伴保护及器械保护，在相互帮助中学会尊重、学会合作、学会共赢，从而学会有规则的学习生活。

3. 几种操作性较强的教学实践

教学实践1：不倒翁团身滚动练习（见图3-1）

练习方法：学生两人为一组，互教互学。一人双臂抱小腿蹲坐在体操垫一端，后倒体会头、颈、肩、背、腰、臀先后触垫的感觉，尽量连续模仿不倒翁进行练习。另一人提示和纠错，并提出更好的建议。连续练习几次后，尝试在惯性的基础上滚动成蹲立的挑战，也可作为保护与帮助动作的辅助学练。

应用目标：体验头、颈、肩、背、腰、臀先后触垫的感觉，感受团身滚动，双手抱小腿的滚翻部分组成动作，对身体的平衡系统和能力进行刺激，提升身体机能。

实际操作：采用情境式教学，将生活中所见运用到体育锻炼中，学生两人一组轮换进行。在练习中尝试运用不倒翁练习滚动到抱膝蹲立的挑战练习，也可以两名学生相互配合，以完成蹲立的次数进行竞赛也别有一番乐趣。

运用要点：感知并挑战自我，挑战时机的掌握，激励性语言的运用，优秀学生的展示。适用于前后滚翻的练习，体验身体各部位触垫的顺序。亦可尝试运用于保护与帮助动作的学练，体验托肩和压小腿成蹲立的动作。

图3-1　不倒翁团身滚动练习

教学实践2：不同部位的夹纸/纸团练习

练习方法：依据技巧动作的结构，在滚翻练习时，运用下颌夹纸和双膝夹纸来解决低头含胸、双膝分开等影响滚翻动作质量的问题。利用腹前夹纸团使滚动更加圆滑；利用双脚夹纸进行肩肘倒立的练习使双脚一起向上制动；双脚尖顶纸使动作更加直立等。

应用目标：将纸张作为提高动作质量的一种辅助器械，进一步提升动作质量，激发学生的学练兴趣，开发课程资源，废物利用，寓教于乐。

实际操作：依据不同运动技能学习的特点进行创设，以使完成动作质量不高的学生得到提升或改进，动作质量完成较好的学生增加学练的兴趣，获得成功的体验。

运用要点：实践性、经济性和安全性的兼顾，更可以改为纸棒参与教学实施、体能发展、游戏创设、道具使用等多途径辅助教学。秉承运用得当、及时、有趣、合理、高效等原则。

教学实践3：车轮滚——打把式练习

练习方法：以学生熟悉的生活情境，模仿车轮滚动。以手脚依次着地模仿单个车轮进行滚动，尽量做到使"车轮"能够立直进行滚动。

应用目标：增强手脚的协同配合，体验侧手翻的手脚依次着地、用力顺序及协调配合，减少对侧手翻技能学习的畏惧感，以乐趣激发学练的积极主动性。

实际操作：教师语言提示，学生回顾已有经验和认知，尝试模仿并练习车轮滚动，注意练习空间和个体自我保护。

运用要点：分区学练，一对一互教互学，共同研习；也可在小组长的带领下逐一按照一定的顺序进行学练，其他同学观看、对比、反思。

教学实践4：多人协同跪跳起练习

练习方法：学生分为人数相等的4～6组，首先学生两人一组体验手拉手一起跪跳起学练，待动作熟练后逐渐增加协同起跳的人数，组队参与班内展演。

应用目标：提示动作质量，增加学练的趣味性和挑战性，在有阻力的情况下检验动作，感受协同精神，体验团队共同成长的乐趣。

实际操作：小组长带领进行学练，由两人一组逐渐过渡到更多人数的协同跪跳起挑战学练，选取本组人员参与班内展演。

运用要点：逐级进阶，保质保量，协同提升，合作完成，遵规执行，达成共识。

教学实践5：站立分腿不倒翁练习

练习方法：学生间距2米，两脚分开与肩同宽或略宽于肩站立，双手自然下垂，以两脚为支点体会不倒翁动作。

应用目标：体验分腿支撑和重心的转变，感受身体形态变化，提高机体对于肌肉的控制力及平衡能力，克服因重心变化而产生的畏惧感。

实际操作：教师语言提示，人体也可以模仿不倒翁练习，以双脚为支撑点，通过重心变换，增加练习的幅度，比一比谁的不倒翁模仿得形象逼真。

运用要点：模仿形象逼真，联系生活实际，注意节奏变换。可增加难度，采用闭眼不倒翁方式体验。

教学实践6：后倒翻臀倒骑自行车练习（见图3-2）

练习方法：学生分别在小体操垫上做后倒翻臀立腰背，教师语言提示骑自行车（上坡、平路、下坡）三种姿势，学生自主进行体验。

图3-2　后倒翻臀倒骑自行车练习

应用目标：提高核心肌群控制力，体验屈臂夹肘动作，提高上下肢协调能力，感受脚尖和眼的垂直空间感。

实际操作：在屈臂夹肘支撑或双臂压垫的条件下感受不同坡度的倒骑自行车动作，抓住动作完成的关键点进行尝试，掌握动作的先后顺序，屈臂夹肘的时机，教师观察学生后倒翻臀立腰背的学练情况，采取相应的做法。

运用要点：在充分压垫和完成后倒翻臀立腰背的基础上进行尝试，强化核心肌群控制力，可以进行保护与帮助的体验。用膝关节顶腰背处帮助直立（更好地翻臀立腰背）；体验三个坡度的重心转换、身体形态变化、用力点的良好支撑，屈臂夹肘要顶背。

教学实践7："身体空中一个面，地上六点成一线"练习（见图3-3）

练习方法：学生分为人数相等的4～6组，在教师事先画好的区域内进行学练，依据教师画好的一条直线上的六个落点区域，以站位、手臂支撑、双脚依次经侧—上—回落进行学练尝试。

应用目标：提高学生的空间感，以具体而形象的落点区域进行引领，使学生强化核心肌群控制力，上下肢协调能力，发展平衡能力。

实际操作：分区学练，一对一互教互学，共同研习；也可在小组长的带领下逐一按照一定的顺序进行学练，依据口诀"两臂伸直手前引，两腿蹬摆手撑垫，摆到垂线双V字，顶肩收腹眼看手"进行动作学练。其他学生观看、对比、反思。

运用要点：站好位，手臂和一侧腿做好引领，找准支撑点，一气呵成，做好保护与帮助，掌握正确的保护与帮助站位和手法运用。

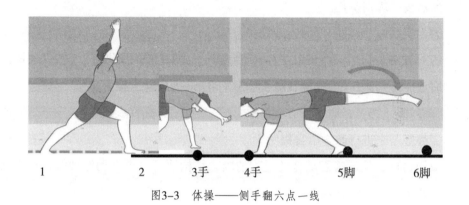

图3-3　体操——侧手翻六点一线

教学实践8：后倒翻臀传球练习（见图3-4）

练习方法：把学生分为人数相等的8～10队，每队学生成纵队，间隔一定距离，学生分别在小体操垫上做仰卧手压垫，双脚夹球准备动作，用脚把球经前往后传到队伍后方，完成接力，球传不到位而丢掉，由传球者拾回重新开始，依次类推进行学练。

图3-4　后倒翻臀传球练习

应用目标：学生进一步体验仰卧翻臀，手压垫用力，双腿绷紧学练。强化手压垫意识，翻臀立腰背的初步体会，减少对动作的畏惧感。

实际操作：在学生熟练方法后，进行传球比快或相应的计时接力游戏，也可以夹球尝试仰卧手压垫上举球学练、屈腿腹部夹球后倒立腰背学练等。

运用要点：手压垫用力方式方法正确，双腿绷直夹球不失误，传球快速准确，严格按照规则执行。

教学实践9：滚翻顺口溜提升练习

练习方法：在后滚翻的教学中采用"1——蹲撑准备要做好""2——快推后倒肩上曲""3——团身滚致臀着垫""4——夹肘向上推手掌""5——依次滚动节奏好""6——插手抬肘快推手""7——团身翻臀成蹲立""8——完成动作姿势好"来进行教学语言提示。

应用目标：使后滚翻动作的过程清晰，结构明了，提升动作理解，利于动作的快速掌握，学练兴趣提升。

实际操作：将后滚翻动作要领总结成利于识记的顺口溜加以运用，抓住关键点进行提示。

运用要点：在动作的关键点和节奏明显处进行提示，学生只有清晰地明白动作过程，明晰动作要领，才能事半功倍。

4. 技巧类的规则发展有关趣事

2021年7月28日，在东京奥运会体操男子个人全能决赛中，日本选手桥本大辉在跳马项目中有一条腿直接踩出了界外，虽然有这样的表现他依然得到了14.7分的高分。这在赛后引起了很大的质疑，甚至有网友留言"这年头连盲人都可以当奥运会裁判了吗"，更有甚者表示"日本人还真是喜欢仪式，他们明明可以直接将金牌发给自己，却还要举办奥运会来显得正式一点"。

尽管疑虑重重，但经过调查后，国际体操联合会（FIG）回应裁判打分无误。

2021年7月30日，国际体操联合会在官网公布了东京奥运会体操男子个人全能决赛中日本选于桥本大辉的跳马动作的细节，公开回应了外界对桥本跳马得分14.7的质疑。

　　桥本大辉跳马动作（直体笠松转体720度）的全部扣分点包括：第一腾空轻微分腿，−0.1；轻微屈髋，−0.1；第二腾空轻微分腿，−0.1；落地准备不足，−0.1；落地未转正，−0.1；落地右脚迈出一大步，−0.3（落地一大步最多扣0.3分）；此外，单足出界追加扣0.1分。

轻器械与器械体操类教学实践和规则意识构建

1. 轻器械与器械体操类教学特点

利用体操棒或低单杠进行教学时，学生借助一定的器械做出各种悬垂与支撑动作，是青少年儿童常用的锻炼方法和游戏手段。体操棒除了轻器械教学外，还能够辅助其他项目的改进和提高，"一棒多用、巧用、妙用"，可以增强教学的趣味性。而低单杠可用于学生的悬垂、支撑、摆越等动作，进一步发展学生的手臂、肩胸、腰腹部位的肌肉力量及核心肌群，有着良好的锻炼价值。器械的练习还能够帮助学生克服恐惧心理，增强其心理承受力。

本节内容主要围绕如何采用合理的练习方法和教学手段，高效优质地完成课堂教学，消除学生的恐惧心理，寓教于乐。

当学生的身体离开地面后，大部分人会产生一种恐惧心理，导致动作僵硬，思维定式，容易产生意外的损伤，从而加剧对器械学习的恐惧。教师应逐步引导，激发兴趣。

2. 轻器械与器械体操类教学规则意识的构建与评价

其主要规则构建是：淡化规则，逐步实施，加强保护与自我保护，做好器械保护，所有动作在保护与帮助下完成，一做一保护，轮流保护与帮助。

3. 几种操作性较强的教学实践

教学实践1：垫上拉杠贴腹练习

练习方法：学生3~4人为一组，一人仰卧于体操垫上，双手握棒做拉杠贴腹动作练习，两人手持体操棒保持一定高度，另一人提示，学习保护与帮助，轮换学练。

应用目标：体验拉杠后腹部贴杠的动作用力顺序，形成动作记忆。在体操垫上的学练利于学生重复动作，克服畏惧心理，为杠上学习打好基础。

实际操作：学生四人一组，在保护与帮助下进行学练，模仿杠上动作进行练习，互相纠错和提示，共同完成动作。

运用要点：拉杠积极主动，腹贴杠时上体前倾，腿部有意识地伸直。轮换进行。

教学实践2：穿臂前后翻夹沙包练习

练习方法：学生分为人数相等的4~6组，一人正握杠进行悬垂练习，另一人做好保护与帮助。当蹲悬垂时双膝间加沙包，依次完成穿臂前后翻，轮流保护与帮助。

应用目标：发展核心力量，解决前后翻时双膝分开的问题，明确保护与帮助的站位及保护与帮助的方法，学会协同学习，培养团队精神。

实际操作：学生分组练习，分工明确，合作完成，学会保护与帮助的方法，组长引领本组成员学会在无保护器械的情况下自我保护的方法。

运用要点：及时放置沙包，轮流保护与帮助。

教学实践3：海盗船或月亮船、钟表练习

练习方法：学生分为人数相等的4~6组，一人正握杠进行悬垂摆动或单挂膝悬垂摆动练习，一人在一侧做好保护与帮助，教师语言设置相应情景，学生进行模仿练习，轮换进行。

应用目标：增强学生的悬垂摆动能力，发展核心肌群的素质和控制力，强化身体的平衡能力，进一步提高动作质量，激发学生的学练兴趣。

实际操作：教师语言设置学生熟知的海盗船或月亮船、钟表，依学生的摆动幅度进行评价。学生引臂摆腿，腹贴杠，动作准确，连贯流畅，达到相应的模仿学练目标。

运用要点：依据学生实际水平准确定位，提出不同的时间点、海盗船的摆动次数等。

支撑跳跃类教学实践和规则意识构建

1. 支撑跳跃类教学特点

小学阶段的支撑跳跃包括分腿腾越山羊和跳箱相关的动作，其动作由助跑、踏跳、支撑、推手、腾空、落地等一系列动作组合而成。通过支撑跳跃的练习可以发展学生腿部和上肢的爆发力；增强学生肩臂、腰腹、上下肢肌肉的协调性和相关关节的肌肉韧带的力量；对于学生个体核心素养中的速度、灵敏、力量、协调性、平衡及对机体肌肉的控制有着积极的锻炼价值。更重要的是能够激励学生不断地克服器械所带来的心理恐惧感和心底的畏难表现，能够使学生逐步树立器械学习的自信心和积极勇敢的学习态度，培养其良好的意志品质和空间思维能力。在主要教学中要引导学生积极主动地去踏板、引臂支撑、快速推手获得腾空的动力，最后稳健地屈膝缓冲落地。

2. 支撑跳跃类教学规则意识的构建与评价

其主要规则构建是：做到单踏双跳踏板起跳，推手及时有力，动作干净利落，落地缓冲稳如松。学生学会不过器械的保护与帮助，掌握完整动作的保护与帮助，学会轮流保护与帮助，增强责任心，体验成功的乐趣并学会分享。

3. 几种操作性较强的教学实践

教学实践1：分腿立卧撑练习

练习方法：学生每人或两人一个体操垫，由蹲立准备开始，听口令后双手俯撑于体操垫上，根据要求做出相应动作（跳成分腿支撑接分腿体前屈接跳起直立的动作），在小组长的带领下进行分腿—并腿立卧撑学练。

应用目标：提高学生手臂的支撑能力，发展核心肌群控制力，上下肢协调配合能力，进一步提高动作质量。

实际操作：每个动作按照要求完成，完成一个立卧撑跳起并头上击掌一次，两人可对面比赛完成，也可一人计数完成相应个数。轮换练习。可适当加入俯卧登山拓展学练。

运用要点：动作准确到位，面带笑容积极完成，头上击掌要跳起，分腿立卧不伏地。

教学实践2：原地分腿跳——挺身跳练习

练习方法：学生间隔一定距离，双臂上摆积极向上起跳，跳起时腿充分绷直向两侧分腿，落地时并腿屈膝缓冲。挺身跳时加上挺身动作，缓冲落地后手臂向上伸展。

应用目标：发展学生向上跳跃的能力，增强学生核心肌群控制力，使学生学会分腿跳、挺身跳的动作技能，掌握屈膝缓冲落地，提高上下肢协调配合能力。

实际操作：学生面对面，相距一定距离进行对比学练，相互学习和借鉴，比一比、赛一赛。

运用要点：积极上摆制动，注重动作节奏练习，跳起后分腿——挺身动作连贯优美，落地屈膝无声站如松，双手上举摆造型。

第四章
球类教学实践和规则意识的构建

4

　　小学阶段的球类教学占比较大，兼容了跑、跳、投等各种动作，具有简化性、易学性、健身性、娱乐性、普及性、休闲性等特点，是学生未来参与社会体育活动的主要运动项目。其项目错综复杂、变幻莫测，极具有观赏性和挑战性，在运动中要求运动者随时迅速做出各种移动、急起、急停、急转、抢截、围堵、奔跑和跳跃等动作以及各种应变。小学阶段的球类可分为足球、篮球、排球等集体性运动项目和乒乓球、羽毛球等个人或双人项目，一些设施高端、普及性较差、大场地的网球、高尔夫球等尚没有涉及。目前学校基础设施和体育场地器械的配置、体育教师师资水平、学生体育基础等情况的研究显示，大规模地开展球类的教学势在必行。

　　球类的教学能够改善人体中枢神经系统及内脏各器官系统的功能，激发学生的求知欲，促进其身心健康，培养其体育核心素养，全面发展学生各项身体素质；对培养其果断、机智、勇敢的个人品质和良好的集体主义、团队精神等品质有很高的价值。

　　我们常说的三大球都具有对抗性、集体性、趣味性和群众性的特点，具有攻防的竞争意识特点。参与人员在快速变化的环境中具有较强的应变能力，运动紧张而激烈。再加上项目团队集体性的活动，既能体现个人良好的技术技能，发挥个人特长，更重要的是发挥集体的智慧和团队的密切配合、协同作战。技术动作和战术配合千变万化，个人技能的展现，巧妙成功的配合，各种层出不穷的展示，只有想不到，没有做不到，引人入胜，更能激发人们极大的兴趣。同时，球类活动不受年龄、性别的限制，运动负荷可大可小，群众基础较好。

球类运动的学习乐趣是技战术的配合、相互间的攻守转换，参与者在团队中获得胜利的体验，有一种气喘吁吁搏到筋疲力尽的愉悦。因此在教学中，要让学生在掌握技能的同时，经常体验到这种运动带来的乐趣，并逐渐喜欢上这样的运动方式。所以在教学时，教师要挖掘教材本身具备的多种玩法和组织方法，在比赛规则上进行各种简化和改动，先以吸引学生乐趣为主，依据学生技能的掌握情况搭配相应的规则要求，同时针对场地和器械巧妙地设计与布置，尤其是在教法、学法、练法、赛法上不断反思和与时俱进，听取学生的建议，让学生参与规则的创建和改进，尊重学生的意见，强化共商后的执行力。

本书第四章"球类教学实践和规则意识的构建"主要从基本球类运动技能入手选择合适的梯度及纵深发展学生个体身体素质，渗透规则意识于活动中，与时俱进地进行核心素养的提升。多维度、多视角、多层次地进行规则意识的教学，以吸引小学一线体育教师对于小学球类教学教法进行研讨与实践、探索与创新，打造优质高效的体育课堂，寓规则意识教学于常态之中。主要内容包括以下几个方面。

① 足球教学规则意识构建——运球、传球、传接球、踢球等。

② 篮球教学规则意识构建——运球、传接球、投篮、脚步移动、简单战术配合等。

③ 排球教学规则意识构建——基本移动姿势、发球、垫球等。

④ 乒乓球、羽毛球等教学规则意识构建——发球、攻球、基本技术等。

足球教学实践和规则意识构建

1. 足球教学特点

世界第一大运动——足球，在小学阶段主要以基本的运球、移动姿势、攻防转换、简单的战术配合等为主要教学内容。作为用脚支配为主的足球，两队之间相互对抗、攻守，是在规则允许的情况下进行合理冲撞的集体运动项目。该项目最大的乐趣是在视野宽阔的运动场地中运球后的突破、传球后的配合、接球及运球过人后的射门得分，再加上其运动场上的诸多不确定因素的吸引。学生依据自己掌握动作的情况、身体条件，扬长避短而合理地选择自己的角色，在团队中承担使命。场地上激烈的对抗、精彩的镜头回放、每个团队不同的战术体现、贯穿到比赛终止那一秒的悬念、参与者高超的技术素养、每个人为团队奋力拼搏的精神、哨声不止拼搏不止的内涵——这正是足球这一运动让人为之疯狂的缘由所在。

2. 足球教学规则意识的构建与评价

其主要规则构建是：足球运动员具有团队精神、集体荣誉感、良好的人与人之间的交流、信任队友、抗挫折、抗压力、必胜的信念、一往无前的精神、遵守规则、强调责任担当、控制自己等独特的体育品行教育。其中的规则意识教育更是该运动特色之处。在教学中，规则意识的教育要循序渐进，依据练习技能的特点和攻防含义进行渗透，规范运动行为，学会控制自己，克服无谓冲动和意气行事，做好自我和对手的保护，文明运动，规则运动。以规则运动带来自身的愉悦体验，尊重对手、尊重技能，学会反思和总结，学会对共商后规则的服从，胜利时的头脑冷静，把这种精神带到日常生活中去。所以足球课堂的教学更多的是关注集体荣誉、情绪调控、责任担当、规则运动等多元化真实情境的创设。

3. 几种操作性较强的教学实践

教学实践1：红绿灯交通信号运球

练习方法：学生一人一球或两人一球，游戏场地内交替摆放3~4个红灯和绿灯，游戏开始后，学生运球行进遇到红灯时，迅速急停，原地左右拨球5次继续行进，遇到绿灯时正常通过，到达终点后和同伴互换。

应用目标：进一步巩固运球技术，树立遵守交通规则的意识，改变低头运球的错误习惯，提高应变能力、脚对球的控制力，掌握运球行进的节奏，在头脑中形成运球急停急起的意识。

实际操作：学生在场地内注意保护自己的球，控制球的路线，避免和其他同学相撞，选择运球路线。教师可以移动红绿灯交通信号（口述或随身携带的圆形标志）。干扰其他人运球的同学奖励足球专项体能（折返跑）一次。

运用要点：信号变换有间距，固定信号有距离，移动信号无规律，要求学生运球注意观察前方，保护好自己的球，球被别人碰出场地或踢出场地从最后触球点继续行进，遇到障碍及时做出符合规则要求的相应动作，不得干扰其他人运球，严格按规则执行。

教学实践2：老狼、老狼几点了？报数运球

练习方法：学生每人一个足球，在足球场内按一定的散点进行站位，分角色进行学练，教师语言提示并扮演"老狼"，学生扮演"小羊"。游戏开始后，学生运球行进，同时和"老狼"进行对话，一起问"老狼、老狼几点了"，教师回答"你们看"并手势出示，学生边运球边抬头观看教师手势，并回答"老狼"的时间，当看到12点时，紧急停球并左右拨球5次后继续行进，依次类推。

应用目标：进一步纠正学生低头运球的错误行为习惯，提高学生的快速反应能力，训练学生判断数字及时做出相应动作，增强球性，提升控制球的能力。

实际操作：学生向前运球，及时做出判断，进行下一步的练习，如干扰其他同学运球，成功干扰运球的同学奖励足球专项体能（俯身小碎步30次）一次。教师可手势指挥行进方向，结合数字报时进行。

运用要点：集体参与，运球行进中进行，不得原地运球等待，遵守规则，不得手触击球。

教学实践3：穿山洞练习（见图4-1）

练习方法：学生两人一球，相距一定距离，运用脚内侧传球的方式，传过两人之间小体操垫搭成的小山洞。

图4-1　穿山洞练习

应用目标：培养学生直线传球的能力，使球直线传出，激发学生的学练兴趣，将正确的预判与跑位结合进行。

实际操作：学生两人一组，相距10～15米，中间用小体操垫支撑起一个模拟的山洞，学生首先以固定距离进行直线推击球练习。可提高难度，运球一段距离后在固定点前进行推击移动球练习，以提高学生传球的准确性。亦可采用一定距离打保龄球的方式对准目标精准射击，增强学练兴趣和培养团队精神。

运用要点：球通过山洞积1分，比一比在规定时间内的个人积分。运球后可适当设置不同距离的击球分值点增加学练的兴趣，前提是遵守规则进行。

教学实践4：踢过前方一定高度的横绳练习（见图4-2）

练习方法：学生两人一组，一人在固定位置踢固定球越过前方一定高度的横绳后，迅速从另一侧快速跑到球落地点准备接球；另一人迎接来球后，快速停球并运球回固定点进行练习，往复循环进行学练。

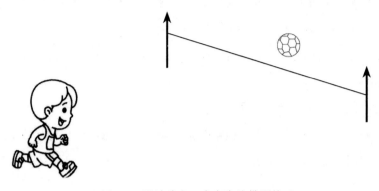

图4-2　踢过前方一定高度的横绳练习

应用目标：提高学生踢球越过障碍物的能力，提高运球速度和传球的准确性，激发学生的学练兴趣。

实际操作：学生在固定点进行击球越过一定高度的横绳练习，积极跑动，运球返回停球——传球越过障碍物，提高控球能力。可综合设置接球后射无人或有人防守的球门练习，效果和学练兴趣更高。

运用要点：根据学生的水平可设置由高到低一定坡度的横绳进行练习。

教学实践5：运球传——切到固定区域接球后射门练习（见图4-3）

练习方法：学生一人运球到固定区域后传球给另一点的同伴，迅速往球门方向切入，同伴接球后快速把球传到切入同伴脚前，切入同伴接球或对准移动球进行射无人或有人防守的球门练习。结合实战演练，效果会更好。

应用目标：提高运传球能力，学会观察和移动切入跑位，提高射门能力。掌握简单的技战术配合，并在实战中尝试应用。

实际操作：教师以固定区域进行引领，使学生熟悉传球路线和切入方向。明确传球时机后进行学练。

运用要点：传球准确，要有提前量，学会观察，及时分球，面对球门调整心态，射门不进奖励足球专项体能，可采用积分方式进行。

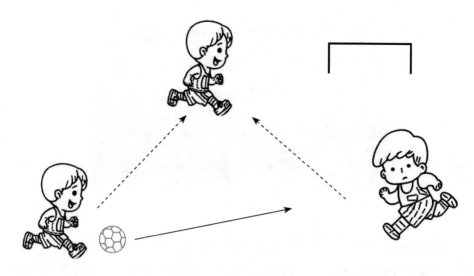

图4-3　运传球射门练习

教学实践6：对墙踢球接反弹球练习

练习方法：学生一人一球或两人一球，距离墙壁一定距离，采用踢推定位球和地滚球接住反弹球的形式进行学练。

应用目标：提高学生学练的效率，进一步强化动作，体验触球部位和发力顺序，及时移动预判，提高判断力和反应能力，提高学生的学练兴趣。

实际操作：在距离墙一定距离设置标志线，学生用所学技术进行对墙击球学练，快速移动接住反弹球，轮换进行。可逐步增加练习的难度，设置具有挑战性的条件。

运用要点：遵守规则，支撑脚准确到位，摆腿腿击球后及时缓冲，学会观察和评定。

教学实践7：软梯移动步法练习（见图4-4）

练习方法：在足球教学中，利用软梯，学生分组成一路纵队做正向小碎步跑、侧向小碎步跑、侧向前前后后跑、正向前前后后跑、侧向进进出出跑、正向内外进出结合等学练。

图4-4　软梯图

应用目标：发展膝、踝关节的小肌肉群能力，提高肢体对脚步的控制力，进一步提升机体的平衡能力，增强运动技术学练的节奏感，在急停急起中发展突然变向能力。

实际操作：学生分组学练，依据不同的年龄段进行进阶式的学练，以团队达成目标进行评价，注重规则意识教育。

运用要点：脚步轻盈、快速，最大限度地减少脚与地面的接触时间，保持较好的学练间距，尽量做到不停顿，步法清晰，有良好的节奏控制。

教学实践8：脚运手传球往返练习（见图4-5）

练习方法：两人一组，面对面保持相距2～3米，一人后退跑动并手拿一球，另一人向前脚下运球，在后退和前进的过程中两人相互传球，到达往返点后角色互换进行练习。

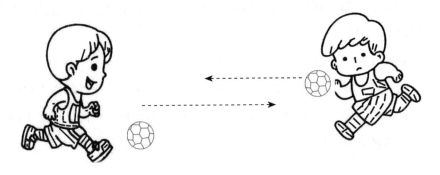

图4-5　脚运手传球往返练习

应用目标：进一步巩固所学的运球技术，培养学生脚下有球，眼中有人，学会观察，养成运球中抬头观察的好习惯。

实际操作：在运球技术充分掌握后，可尝试提升锻炼，挑战极限，增强技术学习的兴趣，进行类似消极的防守。

运用要点：运用所学的运球技术行进，脚运球2～3次必须传递球1次。

教学实践9：不同区域运球射门积分赛

练习方法：从同一出发点听命令出发，依据学生个体的不同，运球到不同分值的区域内进行射门积分赛，进球后得到相应的分值，小组累计积分最多的一组获胜。

应用目标：通过学生和教师共同商定的规则执行，既熟悉了球性，又增加了练习的乐趣；既培养了团队的通力协作，又使学生体验到运动的乐趣，培养了遵守规则的意识和习惯，提高了学习兴趣。

实际操作：各组选派裁判员互相监督计分，师生共同商定射门的距离和分值、进行的轮次等，共同执行。

运用要点：按照商定的规则进行，可增加无人和互相交换的守门员进行学练，教师强化规则执行力。

教学实践10：球门分区练习法（见图4-6）

练习方法：借鉴九宫格积分的方式，把足球门分为三个分值区，中间为3分，左右为4分，用彩带将球门均分为三个区域，在固定点进行射门积分练习。

应用目标：提高学生对踢球方式的掌握水平，掌握脚触击球的位置，击球的力量，正确的摆动腿发力，增加练习的效果和练习的兴趣。

实际操作：依据踢球部位的不同提出不同的要求，脚背内侧的敲击和推送球大多以地滚球为主；而脚背内侧和正脚背踢球以腾空球为主，可适当增加难度，在球门中间增加一条横绳，中间以下进球分值更少，以此促进学生更好地掌握触球的部位、脚形的有效控制、正确的摆动发力等影响技能发挥的因素。激发学生学习和竞争的兴趣。

运用要点：运用于射门的练习，共同制定规则，商定分值，商定距离，共同执行，做好监督。

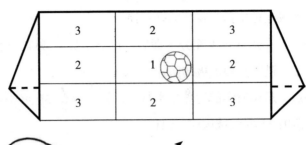

图4-6 射门分区分值

教学实践11：体操垫协助练习

练习方法：脚内侧踢叠放的体操垫练习，两人一组，一人站在叠放的体操垫上，另一人用脚内侧踢球进行练习，5～8次后互换。可以把足球用绑带绑在体操垫上做击球练习；可以把体操垫以">"形对准学生，近距离的脚内侧踢推定位和地滚球学练，能够增加练习的密度和学练的兴趣。

应用目标：体验触球部位和发力顺序，增强学练的兴趣，提高学练的密度，强化动作记忆。

实际操作：学生两人一组，一人站在叠放的体操垫中间，另一人运用所学的脚内侧踢球动作对着一侧体操垫进行击球练习，5～8次后进行轮换。

运用要点：触球部位要正确，注意击球点和摆动腿膝、踝、髋关节充分外展，击球后顺势缓冲，仔细体会发力顺序，感受熟练动作后的大力击球，逐渐加力尝试，以减少损伤。

教学实践12：圆周运球练习（见图4-7）

练习方法：学生两人一组，围绕固定标志桶进行脚背外侧运球练习，一人运球，另一人提升观察，在不触碰固定标志桶的情况下尽量缩短运球的半径进行圆周运球，及时轮换。

圆周运球

沿直线运球

图4-7　圆周运球

应用目标：借助有固定物的脚背外侧运球，能够使学生充分感受脚背外侧运球的触球部位，提高控球能力，增加学练兴趣。

实际操作：学生分组围绕固定标志桶进行学练，围绕圆周运球的过程中，没有控住球，球偏离轨道跑向其他方向，奖励足球专项体能一次。可运用足球、足球场上的所有线、操场跑道等一定参照物进行学练。

运用要点：触球点正确，上下肢协调用力，运球速度由慢到快，循序渐进，运球时不得偏离轨道。

教学实践13：网兜球练习（见图4-8）

练习方法：学生每人一个或两人一组手持一个用网兜兜住的足球，用手拉住网兜，用脚的不同部位尝试触球。

应用目标：使学生体验触球部位，感受脚的用力，提高控制球的能力，激发学生的学练兴趣。

实际操作：学生用所学技能感受击球部位、触球的时机、击球力量及击球后的缓冲，增加练习的密度。也可把球用网兜悬挂于球门，球稍微离开地面即可，一人连续或多人交替进行高密度的踢球练习，使学生进一步掌握脚内侧推踢球的动作方法，增加练习的兴趣。

运用要点：保持身体重心，及时调整触球部位，两脚交换击球或连续击球几次后交换，击球时用力要均匀，把球控制在可控范围内。适用于脚背运球、脚背正面接球、脚内侧接球、颠球等的辅助练习。

图4-8 踢网兜球

教学实践14：即时贴和头带练习（见图4-9）

练习方法：学生两人一球，在击球部位与击球点上利用即时贴和头带做出标志（脚上和球上即时贴，头上用头带），两人一组击固定球进行学练。

图4-9 足球贴

应用目标：掌握击球部位和发力顺序，提高学生对球的理解，增强学生上下肢协调配合能力，帮助学生正确做出预判，及时移动到位，掌握脚步练习时支撑脚的站位等。

实际操作：学生两人一组，一对一互教互学，利用固定球进行学练。

运用要点：即时贴运用于脚触球部位练习，头带运用于头顶球练习。

教学实践15："小脚丫"练习（见图4-10）

练习方法：学生在初学脚内侧踢球时，往往容易模糊和不清晰的是支撑脚的位置。在球的一侧10～15厘米处放置剪切好的小脚丫，从而明确支撑脚的位置，激发学生学练的兴趣和积极主动性。

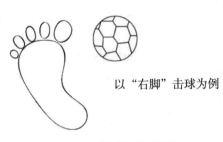

以"右脚"击球为例

图4-10 "小脚丫"练习

实际操作：在固定球一侧10～15厘米与球平行处放置"小脚丫"，"小脚丫"为支撑脚的站位，依据击球脚不同选择放置左右"小脚丫"。学生根据固定位置进行原地、上1步、助跑3～5步等形式学练。此方法运用于支撑脚的位置练习，多次学练后形成自动化的记忆。

运用要点：支撑脚与"小脚丫"基本重合，击球时支撑腿屈膝，脚尖方向和传球方向一致。

教学实践16：传球时机练习（见图4-11）

练习方法：学生两人一组相距3～5米，一人左右跑动并提醒传球者进行传球，传球者观察跑动者和呼喊方向，传球至跑动者脚下，循环练习3～5次进行角色互换。

应用目标：提高学生的控球能力、积极主动的跑位意识、同伴之间的传球意识和呼叫配合、抬头的观察能力、准确预判的能力。

实际操作：两人进行固定距离和固定跑位点学练，跑动的同时进行呼喊，传球者抬头观察，及时传球到跑动者脚下。学练3～5次，两人互换进行。

运用要点：积极跑动，不得原地等球，传球者判断速度，传球有一定的提前量，尽量做到球到人到；跑动者做出动作预判，及时移动到位，采用合理的姿势接球。

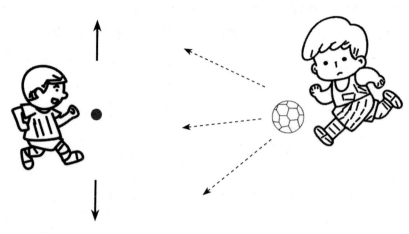

图4-11 传球时机练习

教学实践17：拱球练习（图4-12）

练习方法：学生分为人数相同的8队，排头每人一根体操棒和一个足球，听到口令后，用手中的体操棒紧贴足球的后下部推着足球前进，要求棒不离球，往返接力进行。

图4-12 拱球练习

应用目标：体验脚背运球的推拨动作，先观察体会，进而落实实施，上下肢协调发展。

实际操作：可创设情境"赶小猪"比赛，人不得远离"小猪"，在可控范围内进行学练，亦可增加有难度的直线拱球、推易拉罐直线体验等。

运用要点：动作有先后，先推后拨；速度有快慢，先慢后快；层次有进阶，循序进行。

篮球教学实践和规则意识构建

1. 篮球教学特点

小学体育篮球教学的内容主要是对篮球的基本技术和基本战术的掌握，对学生的篮球意识和球感进行培养，在相对简化的规则下进行学练。纵观篮球运动，是围绕着球篮和篮球，以主动的控制球为争夺的焦点，以控制球的时间和进球得分为保证，以通过合理高速的运转球争取得分为最终目的，在空间、地面交叉展开立体的攻守对抗的球类项目，最后在有限的时间内累计得分最多的团队获胜。

而篮球真正的魅力在于团队成员自身或通过同伴之间的配合，采用各种合理的技术动作，突破防守上篮得分，或者队友之间多次配合创造出手的时机投篮得分，或者助攻队友得分。相对来说，个子高、身体素质强的人更容易打好篮球，但通过后天努力成为传奇的也大有人在。

小学篮球的教学内容包括基本的运球、突破、投篮和简单的战术配合，所以要围绕更快、更多、更准的投篮得分，破坏对方的投篮，团队之间配合，实现一定区域内多打少、错位打等真实情境的教学，在实际的攻防转换中强化动作的细节、战术的实施、团队的力量等。

2. 篮球教学规则意识的构建与评价

其主要规则构建是：篮球运动同足球运动差不多，无非是场地较小，攻防转换次数更多，同样具有团队精神、集体荣誉感、良好的人与人之间的交流、信任队友、抗挫折、抗压力、必胜的信念、一往无前的精神、遵守规则、强调责任担当、控制自己等独特的体育品行教育作用。攻守双方在28米×15米的区域内，努力争取时间上、位置上和空间上的优势，通过及时转移球，创造出更多的投篮机会。而小学阶段的篮球学习寓动作于游戏中，由各种跑、跳、拍、掷、滚等专门技术动作组成，其运动组织具有较好的规则。在实际教学中规则意识教育更是运动特色之处，在教学中要坚持不懈地对学生进行力所能及的规则意识教育，促进学生的思想向着积极、主动、健康的方向转化，端正其学习的态度，以规则意识激发其良好的行动。规则意识的教育要循序渐进，依据练习技能的特点和攻防含义进行渗透，使学生规范运动行为，学会控制自己，克服无谓冲动和意气行事，做好自我和对手的保护，文明运动，规则运动。篮球游戏有明确的参与规则、活动限制，具有激烈的身体对抗、技巧性和竞赛性。通过篮球运动体验规则运动带来愉悦体验，遵守纪律、尊重对手、尊重技能、学会反思和总结，学会对共商后规则的服从，胜利时的头脑冷静，把这种精神带到日常生活中去。所以，篮球课堂的教学更多的是遵守规则的自觉性、团队意识、情绪调控、协同合作、责任担当、规则运动等多元化真实情境的创设。

3. 几种操作性较强的教学实践

教学实践1：运球击掌练习

练习方法：两人一组，相距一定距离，采用原地运球的方式，先采用相同手进行运球，一手运球，另一手进行击掌，当连续击掌10次后，换手运球和击掌，循环进行。

应用目标：提高学生对球的控制能力，解决运球时低头看球的问题，多感官协同运作，以趣味激发学生积极主动地学练，均衡左右手运球的能力，使上下肢协调发展。

实际操作：原地运球采用面对面的方式进行，并注意换手运球和高低运球的结合。

运用要点：高低运球左右手进行轮换，二人击掌熟练后可加快速度进行。

教学实践2：踩影子积分练习

练习方法：学生分为8～10个小组，每小组2～4人，在固定区域内每人一球，在运球的过程中快速移动，用脚去踩其他同组人的影子，踩住一次记1分，规定时间内积分最高的选手参与班内展示。

应用目标：提高学生的观察、快速应变、高低运球转换等能力，体验手中有球，眼中有人，进一步巩固运球技术，培养良好的篮球素养。

实际操作：学生分组进行，运球过程中不得双手同时触击球，不得越过规定区域线，选择蹲着运球的时间不得超过5秒。

运用要点：严格执行规则，养成规则意识，需要在光源下进行。

教学实践3：运球抛接沙包（见图4-13）

练习方法：两人一组，面对面保持相距2～3米，一人原地运球或行进间运球（此时抛沙包同伴保持距离后退），另一人抛出沙包，运球人无球手单手接住沙包后抛回，循环往复，交替进行。

图4-13　运球抛接沙包

应用目标：有效地解决学生低头运球的习惯问题，提高学生对球的控制力，增强学生学练的兴趣，培养学生良好的手感和同伴间的相互协作。

实际操作：学生两人一组，先以固定点位进行原地运球——移动间距保持行进间运球——移动点位左右定点移动等方式的学练，失误的学生奖励篮球专项体能一次。

运用要点：运球同学尽量不看球，抛接沙包要准确，不到位或没接住，拾起后继续进行。

教学实践4：交通信号安全行练习

练习方法：学生一人一球，游戏场地内交替摆放3～4个红灯和绿灯，游戏开始后学生运球行进遇到红灯时，迅速急停，原地左右手交替运球10次后继续行进；遇到黄灯时，低运球5次后继续进行；遇到绿灯时正常通过，依据教师手势方向行进。

应用目标：培养学生遵守交通规则的意识；进一步巩固学生的运球技术，帮助学生解决低头运球的习惯问题，提高应变能力和脚对球的控制力，掌握运球行进的节奏；在学生的头脑中形成运球急停急起的意识。

实际操作：学生在场地内注意保护自己的球，控制球的路线，避免和其他同学相撞，选择运球路线。教师可以移动红绿灯交通信号（口述或随身携带的圆形标志）。干扰其他人运球的同学奖励篮球专项体能一次。

运用要点：信号变换有间距，固定信号有距离，移动信号无规律，要求学生运球注意观察前方，保护好自己的球，球被别人碰出场地或滚出场地从最后触球点继续进行，遇到障碍及时做出符合规则要求的相应动作，不得干扰其他人运球，严格按规则执行。

教学实践5：运球"石头、剪刀、布"练习（见图4-14）

练习方法：两人一组，相距一定距离，采用原地运球的方式，先采用相同手进行运球，一只手运球，另一只手进行"石头、剪刀、布"猜拳游戏，输的同学采用低运球直到再次赢回，猜拳6次后换手进行。

图4-14 运球"石头、剪刀、布"练习

应用目标：提高学生对球的控制力，解决学生运球时低头看球的问题，使学生多感官协同运作，同时得到刺激和提升，以趣味激发学生积极主动地练习控球能力，均衡左右手运球的能力。让学生在游戏的氛围中主动地提升运球能力。

实际操作：原地运球采用面对面进行，并注意换手运球和高低运球的结合，均衡发展左右手的控球能力。

运用要点：可运用于原地运球比胜负；行进间运球可采用相遇时进行猜拳游戏的方式，输的同学原地运球10次并换手运球寻找对手，赢的同学继续寻找下一个对手，比一比在规定的时间内谁获胜的次数多。

教学实践6：人球分侧直线运球（见图4-15）

练习方法：利用篮球场上的线，运球者在线的一侧，球的落点在线的另一侧，学生按照逆时针方向运球行进。

图4-15　人球分侧直线运球

应用目标：体验人与球在线两侧，运球时的落点在线的另一侧，发展学生行进间运球控球的能力，体验运球时的落点和触球的部位，以及上下肢协调配合作用。

实际操作：学生成一路纵队或自主运球体会，在体会的过程中注意保持前后距离，尝试观察判断前后距离，及时运用原地运球技术。在运球时按照逆时针的方向行进。

运用要点：上引下按，注意上下肢协调配合，先尝试高运球，使球的高度控制在腰腹之间，再尝试低于膝关节的低运球。

教学实践7：地面红绿灯运球练习

练习方法：模拟生活中红灯、绿灯、黄灯三种交通信号灯情景，学生在运球的过程中，抬头观看教师事先做好的信号灯道具，根据看到的信号颜色做出相应的运球动作。红灯时原地低运球等待，绿灯时加速行进，黄灯时原地运球观察信号变化，变化运球。

应用目标：进一步巩固直线运球的技术，感受手触球的部位，运球行进间的节奏，解决低头看球的问题，学会运球时观察，做出相应的变化——急停急起。提高学生控球的能力。

实际操作：教师模拟交通信号，随机抽取相应的信号卡片，并注意用哨音提示信号发生变化，语言提示学生运球的要领和错误，并合理利用语言的激励作用。

运用要点：如采用直线竞技竞速，学生可分组自主选择信号灯的顺序，自行布置。教师统一组织时注意随机性。可让学生模拟行驶在马路上的各种自己熟悉的车辆，做出相应的配音，以增加练习的兴趣和投入度。

教学实践8：直线运球角力练习

练习方法：二人一组以外侧手运球，肩靠肩持续用力，不可有犯规动作，沿着篮球场上的边线行进，到达端线时将对方挤出边线左右各2米线次数多者为赢，如若丢球则拾回继续进行，输的学生沿球场中间低运球回原点，交替位置再次进行。每组学生间距半场进行。

应用目标：在合理冲撞的情况下，提高学生的控球能力与抗干扰能力，培养学生在篮球比赛中合理运用身体的意识，发展学生身体的协调性，发展学生左右手运球的综合能力，提高学生的运球技能，使学生在对抗中体验到力量练习的重要性，比赛时知己知彼、百战不殆。

实际操作：在左右手运球熟练后，先尝试无球练习，而后进行有球练习。

运用要点：强化规则意识，提升篮球意识，寓动作学习于真实的体验环境中。可以以团队比赛进行积分赛。

教学实践9：双人传接双球练习（见图4-16）

练习方法：学生两人一组，相距3~5米。一人持一球准备，用双手胸前传接球的方式将球传出，同时脚侧放置另一球，传出一球后，观察接球人把球放在自己脚侧后再将第二球传出，等待接球，循环进行。

图4-16　双人传接双球练习

应用目标：激发学练兴趣，提高学生传接球的能力，使学生上下肢协调发展，提升观察和预判能力，增强学练的密度和强度，进一步强化动作。

实际操作：学生在规定的2米之内的区域进行活动，先原地传接球学练，熟练后尝试结合运球和移动进行。

运用要点：随着年级和熟练程度增加，可适当增加传接球的距离，或者设置相应的条件限制，如两人一组，有球队员运球到固定点后传出，无球队员根据有球队员的运球方向做出滑步防守姿势，准备接球，轮换进行。

教学实践10：四角运传球练习（见图4-17）

练习方法：学生四人一组，分别站在正方形的四角，对角同伴持球准备，开始后向同侧直线运球，运到另一点后将球传到对面准备接球同学的胸前，无球队员在同侧有球队员运球开始后快速跑向同侧出发角等待接球，循环进行。

应用目标：进一步加强运传球的结合，增强学生的控球能力，使学生运传球转换快速准确，上下肢协调发展，提高学练兴趣，强化团队精神。

实际操作：学生四角相对可先尝试对面原地传接球练习——原地运球4~6次接传球练习——运传球练习等有进阶的层次学练，熟练后增加附件条件，如规定时间内运传球比多。

运用要点：高低运球结合，有护球意识，转换动作清晰，运球到固定点后再传球，球的飞行路线为直线，传球时做到人到球到，运球时人球兼顾。

图4-17　四角运传球练习

教学实践11： 手脚协调传接球练习（见图4-18）

练习方法：学生两人一组，一人在规定区域内原地运球，一人利用软梯脚下进行侧向小碎步等灵敏移动脚步练习，并随时准备完成传接球学练。

图4-18　手脚协调传接球练习

应用目标：进一步发展学生的灵敏素质和协调能力，提高学生传接球的能力、进行快速预判和良好反应的能力。

实际操作：做灵敏学练的学生脚下脚步交代清楚，避免走步违例，完成一次灵敏练习最低传接球一次，完成10组后轮换进行；传球者首先原地传接球，熟练后可进阶为行进间运球传接球。

运用要点：抬头看球，脚步灵敏练习可凭自身感觉进行，传球速度要快，可辅助呼喊进行，两人之间相互配合完成。

教学实践12：三人轮转传接球练习（见图4-19）

练习方法：学生三人一组，相距3～5米站立，一人持球运用双手胸前传接球动作将球传给对面组员，传球后迅速跑到接球人身后，接球人接球后传给对面组员，循环往复进行学练。

图4-19　三人轮转传接球练习

应用目标：提高学生传接球的能力，使学生学会观察和直线传球，体验上下肢协调配合，积极主动地进行无球跑动，增加学练的兴趣，加强传接球学练的密度和强度。

实际操作：学生三人，分为一人和两人对面站立，持球人持球准备，接球人做好接球准备后进行学练，可相互口号提示，熟练后增加间距和规定时间内传球比多或一次性传球比多等挑战性学练。

运用要点：传接球动作快速，路线尽量是直线，跑动积极，互相鼓励和帮助，遵守规则进行。

教学实践13：四人限制门传接球练习（见图4-20）

练习方法：学生四人一组，两两相对，站在标志杆两侧球一定间距的位置上，以原地胸前传接球方式从标志杆内侧传球，持球人传出球后，迅速跑向对面队尾等待接球，循环进行。

图4-20　四人限制门传接球练习

应用目标：进一步提高胸前传接球的动作质量，上下肢协调连贯，发力顺序自然流畅，团队精神得到提升，增强快速奔跑和协作能力。

实际操作：学生相对3～5米进行胸前传接球学练，要求传出的球必须穿过标志杆之间，往返进行，注意跑位。

运用要点：传接球迅速，直线行进，跑位快速不影响同伴，相互提示，团结完成，注重规则意识的培养。

教学实践14：双人运球滑步组合传接球练习

练习方法：两人一组，相距一定距离，持球人运球在固定区域内运球前行，徒手人采用滑步同方向行进，在规定距离内完成行进间1～2次传接球，同时注意角色互换。

应用目标：进一步提高运传球的能力，补充专项体能，避免低头看球，学会运球时观察，掌握传球时机。

实际操作：学生在规定区域内完成运传球和滑步学练，先尝试固定传运球和滑步练习，熟练后进行球权决定采用动作的形式练习，可结合不同的专项体能步法进行。

运用要点：同方向行进，及时呼喊或提示，动作到位，形象逼真，步法交代清晰，传球时做到人到球到，落点和速度有效结合。

教学实践15：俯撑地滚球练习（见图4-21）

练习方法：两人一组面对面俯撑，在单手保持俯撑的前提下，相互进行推送球练习，先同侧推送，再异侧推送，轮换进行。

图4-21　俯撑地滚球练习

应用目标：进一步熟悉球性，提高核心肌群力量，发展体能，增强学练的兴趣。

实际操作：学生相向而对俯撑，一人右手以地滚球将球推向同伴左手，同伴左手接球后回推给对面同伴左手，交替轮换进行。

运用要点：保持核心稳定，推送到位，换手及时，相互鼓励提示，遵守规则，挑战自我。

教学实践16：双人仰卧起坐传接球练习（见图4-22）

练习方法：学生两人一组，面对面双腿交叉盘坐在一起，一人持球往后做仰卧起坐，做起后将球传给对面同伴，往复进行。

图4-22　双人仰卧起坐传接球练习

应用目标：体验不同体位的传接球动作，增强球感，发展核心肌群素养，提高学练兴趣。

实际操作：两人一球采用仰卧起坐的方式进行学练，相对熟练后，以规定时间内比多、一次性传接球比快等趣味性练习进行提升，亦可发展为双人手拉手仰卧起坐协同学练、适当拉长距离进行坐姿双手胸前传接球练习。

运用要点：相互协作，在合作中共同提升，相互鼓励，完成尽量多的次数。

教学实践17：传切配合运传球投篮练习

练习方法：学生四人一组，在篮球的半场区域内两两相对，分为防守方和进攻方，进攻方一人持球推进，选准时机传给同伴，随后切入，接球后进行投篮。练习5～8次后攻防互换，循环练习。

应用目标：提高学生的传切配合意识，使学生强化团队篮球精神，养成观察思考习惯，准确判断传球时机，切入积极主动，投篮坚决。

实际操作：攻守双方站在一定区域内完成，防守者可消极和积极防守结合，逐渐熟练后采用压迫式的防守进行。为提升动作质量和实战体验，规定时间的进球比多具有挑战性。

运用要点：相互信任，遵守规则，协作完成传切配合，跑动积极，要敢于对抗，互相鼓励提升。

教学实践18：抛球比多练习（见图4-23）

练习方法：学生四人一组，两两相对，相距2~3米，抛球学生双手持球由下向上抛向对面学生，而后迅速跑到对面排尾，依次进行，在规定时间内完成次数的队伍获胜。

图4-23　抛球比多练习

应用目标：提高低年级或初学者双手抛接球的技术，增强其手感和球性，培养团队精神。

实际操作：学生先熟悉跑动路线，抛接球过程中篮球不能落地，没有接住的篮球不算数，谁丢的球谁快速拾回继续进行。强化规则意识的渗透，按照约定进行。选择见习学生或专门裁判人员裁定。

运用要点：规定时间比次数，规定次数比时间。依据学生情况改变距离、接球方式或组织形式，如三角、四角抛接球亦可。练习时注意提醒学生接球时的手形（五指张开，手腕外翻，主动迎球），接球后缓冲等事宜。

教学实践19：一对一攻防转换练习（见图4-24）

练习方法：两人一组，相距一定距离，持球人运球按照固定路线运球前行，徒手人采用防守动作后退，在规定距离内完成一次攻防转换，而后角色互换。

图4-24　一对一攻防转换练习

应用目标：提高运球能力，感受消极防守和积极防守带来的不同压迫感，发展体能，上下肢协调发展，提高学练的积极主动性。

实际操作：两人一组，一人持球运球前进，另一人采用后退防守方式行进，往返时进行轮换，先消极防守，熟练后进行积极防守。

运用要点：后退防守注意安全，防守要有压迫感，积极防守要尝试断球，干扰运球推进，遵守规则，要有规则意识，运球时注意观察，做到手中有球，眼中有人。

教学实践20：运球照镜子练习

练习方法：两人一组，相距一定距离，模拟生活中照镜子的形式，一人做，一人仿做，轮换进行。

应用目标：激发学生的学习兴趣，提高学生篮球基本持球和运球动作质量，使学生学会在运球过程中手中有球，眼中有人，养成观察的好习惯，尽量做到不看球进行运球，提高学生对球的控制力。

实际操作：在规定次数内进行，而后互换，每个动作要有8～10秒的保持时间。要求模仿形象逼真，动作如出一辙。严格按照商定的规则执行，寓规则意识教育于常态化。

运用要点：一般运用于原地运球，若结合行进间运球，就得给学生一个限定的区域。

教学实践21：传话反向运球练习

练习方法：学生分4组，每人持一球成一路纵队，运球手准备，原地运球，每队最后一名学生依据教师给出的手势做出高运球或低运球，并转身告诉下一位同学做出与自己相反的动作，依次进行。以完成次数最多的组为胜。

应用目标：让学生进一步体会高低运球时身体重心和手臂的变化，体验上引下按，手指拨球，手腕用力压球以及小臂和大臂之间的转换，使学生提高对球的控制力。随着连续重心的变化，学生上下肢的力量和协调性得到了锻炼，更是在团队中提高了凝聚力。

实际操作：学生自由组合队伍的个人位置，游戏时前边的同学得不到提示不得回头观看。

运用要点：一般运用于原地运球，当原地运球熟练后可尝试一小段行进间运球。学会护球动作，丢球拾回继续进行。学生球性熟练后也可增加障碍物、在直线运球的基础上进行曲线运球等条件限制。

教学实践22：找同色练习

练习方法：运球开始后，全班学生随机抽取扑克牌中任意一张（大小王去掉），四个A开始按顺序在场地内寻找同花色成员，其他成员自由地在场地内原地运球，运球不碰面不得说出自己的花色，以最先完成的小组获胜。

应用目标：进一步提高原地运球和行进间运球的能力，增强团队意识，养成良好的规则意识，在团队协作中获胜。

实际操作：不遵守规则，随意说出自己花色的学生，团队集体原地运球8次，而后继续进行。

运用要点：学生平均分布在场地四周边线和中线上，抽到扑克牌后即进行原地高低运球，人与人之间间隔2米。既可以从A到K，亦可以从K到A进行练习。

4. 篮球的规则发展有关趣事

（1）中国篮球发展。

第一阶段（1835—1949年）

这是篮球传入中国后的第一个时期，篮球运动主要在天津、上海及北京等有限的城市青年会组织和某些中等以上学校的少数学生中开展，男子篮球列为1910年旧中国第一届全国运动会的表演项目，1914年列为正式比赛项目；女子篮球于1930年列为正式比赛项目。这期间，篮球在广大城乡人民群众中未能得到普及，推广面极窄，竞赛活动较少，国内外比赛成绩反映出中国的篮球运动整体水平较低。

第二阶段（1949—1995年）

1949年后，篮球运动在中国的传播、普及、发展进入了一个新阶段。人民政府积极倡导"发展体育运动，增强人民体质"的健身方针。20世纪50年代初期，政府主管部门建立了篮球管理机构，倡导"狠、快、准、灵"的技术风格和"以我为主，以攻为主，以快为主"的战术指导思想。随后，通过总结讨论，中国篮球运动确立了"勇猛顽强，积极主动，快速灵活，全面准确"的训练指导思想。到60年代中期，中国篮球事业、篮球竞技水平、社会普及、科学研究及篮球观念与理论体系等，都初步形成了自己的特点。历史证明，1949年后的17年是中国篮球事业全面发展提高的17年，是中国篮球事业第一个辉煌发展的历史阶段。

20世纪70年代中后期，中国恢复了在国际篮球组织的合法席位，从此走上国际竞技舞台，特别是自20世纪80年代中期至90年代中期，中国篮球事业进一步得到了大普及、大发展、大提高：篮球人口居世界之最；篮球后备人才的培养形成新的配套网络；篮球运动理论与应用研究日益深入，成果显著；篮球竞技水平有了历史性突破，国家男女队曾接连居亚洲榜首并达到世界先进水平；各类篮球俱乐部相继成立，篮球竞赛的文化氛围和职业化、商业化气息渐浓。

第三阶段（1996年至今）

中国篮协于1996年首先改革传统的竞赛体制，先后举办了甲A、甲B和乙级队主客场制联赛，逐步向职业化过渡，进而有序地推动篮球运动产业化进程。1997年成立了事业型的篮球运动管理中心。1998年中国大学生体协推出了CUBA联赛。这些无疑给中国篮球事业带来了新的生机和活力，中国篮球运动即将进入一个发展新阶段。

（2）"篮球之神"——乔丹。

被誉为"篮球之神"的乔丹身高1.98米，在当今或NBA中只算是中等身高。但突出的身体素质，使其被誉为运动天才——他肌肉中的脂肪比重只占3%，通常脂肪比重占5%就被誉为运动天才。经过测验，乔丹的百米速度是10.7秒，跳远成绩为7.5米以上。

乔丹是"神"，因为20世纪90年代是属于他的，而且每到比赛关键的时候，他都会用他的标志性动作吐舌头把答案告诉你。总冠军、MVP，他用这些荣誉影响了整整一代人，以至于其他运动项目的爱好者们只能眼睁睁地看着乔丹把篮球这项运动的艺术提升到了新的高度。他是NBA历史上把球商、运动能力和竞争意识结合得最好的球员。他可以做任何事情，而至今没有任何一个球员做得比他更好。他曾连续三个赛季包揽得分王和抢断王。他的巨大影响力延续至今。（引用自ESPN评二十大运动员）

迈克尔·乔丹（Michael Jordan，1963年2月17日），生于美国纽约，前美国男子职业篮球运动员，司职得分后卫，绰号"飞人"，公认的史上最伟大的篮球运动员，被称为"篮球之神"。

在NBA选秀中以探花被芝加哥公牛选中，共获得6届NBA总冠军（两次三连冠），10次得分王，3届抢断王，14次入选全明星，10次入选最佳阵容，2次夺得奥运会金牌。正式退役后买下夏洛特山猫（现名夏洛特黄蜂），成为球队经营者。

（3）洛杉矶凌晨4点的星星——黑曼巴精神。

科比：一个以超越"篮球之神"为目标的篮球巨星，以81分铸造传奇的"一生湖人"的NBA伟大的球员之一。

你见过凌晨4点的洛杉矶吗

"你为什么能如此成功？"记者问科比。"你见过凌晨4点洛杉矶的样子吗？"科比反问道。记者摇摇头说："不知道。那你说说洛杉矶每天早上4点究竟是什么样的？"科比挠挠头，说："满天星星，寥落的灯光，行人很少。凌晨的洛杉矶仍然在黑暗中，我就起床行走在黑暗的街道上去往训练场。十多年过去了，洛杉矶凌晨的黑暗没有改变，但我已变成了肌肉强健、有体能、有力量、有着很高投篮命中率的运动员。"

科比不幸逝世，洛杉矶凌晨4点的信仰却没有消失，无数球迷悼念英才，更将这份为了热爱而坚持奋斗的精神铭记于心。

排球教学实践和规则意识构建

1. 排球教学特点

排球是学生比较喜欢的运动项目，它是用手来控制球，采用规则允许范围内的各种击球动作，通过移动、击球、配合等进行竞赛，通过时间节奏和空间的争夺，寻求得分的机会。排球教学对于学生球性的掌握程度和准确度有很高的要求，在小学主要通过基本的移动、传球、发球、垫球等进攻和防守动作，结合简单的技战术的配合完成教学。

排球教学不同于其他项目的教学，有着项目本身特有的规律和特色，作为隔网进行对抗的运动集体项目，极快的进攻和防守转换等激烈的比赛内容让人流连忘返。我国更有三夺奥运会冠军和世锦赛五连冠的女排事迹，使"爱拼才会赢"等成为一代人的文化组成，影响着多个行业的发展，是一直激励着国人砥砺前行的一面精神旗帜。其中，出色的移动能力、准确的预判、良好的手感及正确合理的技术是排球教学的重中之重。通过良好的手感及手、腕、臂等对球的控制而相应做出的肌肉合理收缩，保证合理的击球，这种对于肌肉的支配能力是量的积累而产生的质变。它是大量专门的练习在时间保证的基础上积累的。所以每一节课的排球教学均有一定形式、不同类别的球性练习。就小学阶段而言，单个动作的技术学习更应规范，通过教师或视频示范、无球模仿、触球位置尝试、分解动作练习、完整动作练习，不断加大练习的难度，设置一定次数的重复练习，结合其他动作的组合练习等促进学生对单个技术动作的熟练运用。

在排球运动的教学中，落实战术的练习一般是在无球状态下进行。而在有球状态时，学生通过积极的移动、合理的跑位获得对球的支配权，寻求击球的时机，进而完成击球动作。

1984年由内蒙古呼和浩特市铁路退休职工发展起来，如今风靡全国的"气排球"运动，相对于传统的排球从规则和竞赛的要求兼顾了安全性、娱乐性、健身性等特点，适当引入小学体育课堂非常有价值。其质量轻、运行速度慢、场地小、网高度低、技术手法多样，老少皆宜。其技术动作简单、容易上手，更能激发学生的运动兴趣，使其有良好的运动体验。关键在于气排球保留了排球运动的绝大多数优点，降低了危险性、简化了技术、提高了娱乐性。有条件的中小学可以适当引入课堂进行尝试。

2. 排球教学规则意识的构建与评价

其主要规则构建是：排球运动中的规则有着与其他项目截然不同的教育目的，在竞争中坚持公平、公正。其主要的显性特征为：在队员的站位和轮转顺序上，竞赛时严格按照规则执行，场上队员按照一定的位置进行站位，场上由右后侧队员进行发球，换发球时场上队员按照固定的顺序轮次进行换位，保证每一位队员享受位置和发球的公平性。让小学生充分了解排球的运动特征——排球运动要使球不落于本方，身体的任何部位都能够触球3次（一人不能连续触球2次），并击球过网，使球落于对方场地内。

在排球教学中应寻求规则规定的最大公平性，以项目特色对学生进行竞赛公平教育，这是其他项目尽力追求却很难以实现的目标。同时排球运动是依靠团队进行的隔网竞赛项目，在保证发球顺序和轮转轮次的基础上，其并不像其他团队项目往往依靠核心队员的发挥能够实现团队成绩的突破。纵观排球运动，其讲究团队中队员协调分工明确，对于团队技战术的依赖有着更高的要求：每一位队员明确自己的分工，以最好的技术能力服务于团队，队员之间有着高度的默契和配合能力，以及队友的技术特点、互相之间的鼓励和提示、情绪的感染和传递、比赛中的自我要求和团队要求等。集体完成每个动作和每一分的竞争，只有讲究团队精神，才能达到技战术的完美结合。

创设和谐的人球关系，排球运动中既讲究同伴之间明确的分工，也要求有个人高超的技术支撑。球员在团队中协作完成每一次攻防转换，各司其职，分工不分家，在自己的位置上做好分内的事，为同伴创设时间和空间的优势。而球员往往聚焦的是团队进球时的愉悦，扣一次球的心理体验，而忽视项目本身的团队精髓所在，如传出一次好球远比扣杀一次更为不易等。所以在排球教学中要依据规则进行如下意识的渗透：排球场地上有明确的位置和区域分工，每一次攻守转换中的角色分工，当通过移动完成一次攻守转换后，应及时回到自己的位置上，做好自己区域中的事，也就是守好自己的一亩三分地。在团队中更要求依据规则，队员之间有协作意识、互补意识、组合意识，通过相互之间的协作完成每一次技战术的配合。

3. 几种操作性较强的教学实践

教学实践1：左右手臂轮换垫球练习（见图4-25）

练习方法：学生自抛用自己的左右手臂轮换进行击球练习。

图4-25　左右手臂轮换垫球练习

应用目标：进一步熟悉球性，提高对球的控制力，增强学练的兴趣，提高预判和反应能力，上下肢协调联动。

实际操作：学生两人一组，一人尝试，一人观察提示，以左右手臂轮换进行击球，连续进行5~8次失误后轮换。

运用要点：及时移动到位，击球点正确，手臂要插于球下，主动迎球和击球，脚步及时跟进。

教学实践2：垫一定高度的吊球练习（见图4-26）

练习方法：将排球用带有绳子的网袋吊到一定的高度，学生面对吊起的球尝试用垫球技术进行垫球，注意用双臂的平面进行击球。

图4-26　垫一定高度的吊球练习

应用目标：进一步熟悉球性，掌握击球点，增加练习的兴趣和练习的次数，提高练习的效率。

实际操作：吊起的排球依据学生的身高进行适当的分组调整，开始时可采用两人面对面对垫，也可对墙垫反弹球练习，以一次性垫球10次，之后轮换。

运用要点：强调移动到位，分组均衡，姿势正确，击球点准确。

教学实践3：隔网一对一垫击球练习

练习方法：学生两人一组，隔网进行垫球，每人连续触球2次，当球垫起后，采用轻击球的方式向对面同伴击出，交替进行。

应用目标：进一步提高球性、垫球能力、击球手法运用，培养快速移动、预判及反应能力，上下肢协调能力。

实际操作：学生两人一组进行隔网练习，在保证不失球的情况下连续触球2～3次进行调整，并把球以垫或击打的方式过网。相对熟练后进行一对一垫击球练习。

运用要点：积极跑动到位，准确预判反应，面向来球准备，手法正确，用力顺畅。

教学实践4：发球落点定区域积分练习

练习方法：学生均分为4组，男女组分别进行，一组成员轮流发球，见习生和裁判依据落球点判断积分，发球组站在端线后每人依次发球，四轮积分最多的组获胜。

应用目标：提高发球的准确率，巩固提升发球动作质量，在兴趣中培养团队精神。

实际操作：发球落点区域依照九宫格的形式以彩带划定，每个格子赋予一定的分值，以实际落点得到相应分值。落在格子上的球以相邻分值高的进行计分，区域外不得分，累加积分（见图4-27）。

3	2	3
2	1	2
3	2	3

图4-27　排球九宫格落点分值图

运用要点：每次两人发球，依次进行，发完球后迅速到排位站队，另一组同学负责捡球，并从场地外侧以地滚球的方式传到发球组成员手中。

教学实践5：对墙发球练习（见图4-28）

练习方法：学生持球距离墙5~8米，采用所学的发球动作对墙发球，并尝试接住反弹球。

图4-28　对墙发球练习

应用目标：进一步提高学生发球时手形运用和发力顺序，体验上下肢协调配合，提高学练的兴趣。

实际操作：学生距离墙5~8米处，采用发球动作将球击向2~3米的墙面高度上，以球在墙上的落点和反弹球的距离判断用力及击球部位，以击球发出的声音判断手球的结合（包球情况）。

运用要点：动作逐渐发力，抛球要直上直下利于发力，击球要快，挥臂甩腕有鞭打，身体有反弓，用力顺畅，目视前方。

教学实践6：移动跑位照镜子击掌练习（见图4-29）

练习方法：两人一组，面对面相距一定距离，一人做出相应的移动动作，另一人如照镜子一样模仿动作，左右进行，模仿到位后击掌，反复3~4次后轮换进行。

图4-29　移动"照镜子"学练

应用目标：巩固所学移动动作，提高快速反应能力，增强练习的兴趣，在游戏中检验移动动作的掌握程度。

实际操作：学生相距1米，面对面站立，设置照镜子的情景，当对面学生做出移动动作时，迅速进行模仿。要求动作迅速，形象逼真，快速到达，及时轮换。一般以2~3次轮换为宜，过多或过少均达不到练习的效果。

运用要点：学生掌握2~3种移动动作后即可进行，活动前做好充足的准备活动，避免运动损伤，可在教师规定的时间内比一比每组同学轮换的次数，或者在规定次数内比一比完成的速度。学生可边做动作边呼喊出所做的次数，以增强学生兴趣和练习的投入度。

教学实践7：三角垫球练习（见图4-30）

练习方法：学生三人一组成等边三角形站立，采用垫球的方式，每人垫球一次，把球垫给另一人，以此往复。

图4-30 三角垫球练习

应用目标：提高对球的控制力，学会预判，及时移动到位，做出"插、夹、提"动作。

实际操作：在学生垫球达到一定的熟练程度后，为提高团队和球性练习而选择的一种练习方法，依据学生水平分组，挑战自我。

运用要点：进一步提高对球的控制力，适当改变左右手的高低保证球运行的路线，先移动到位，也就是先脚步到位，而后做出正确的垫球动作。要求动作舒展，"插、夹、提"一气呵成，上下肢协调用力，互帮互学。

教学实践8：一抛一垫移动练习

练习方法：两人一组，相距2～3米，一人持球抛球，另一人移动垫球，抛球人适当往接球人左右1～2米处高抛球，垫球人快速移动垫球，8～10次后轮换，交替进行。

应用目标：提高垫球技术、预判能力、移动能力和练习的兴趣。

实际操作：左右移动一定距离，抛接垫有区域，在规定的时间内，两人一组比一比成功的次数，选择优秀小组进行展示。

运用要点：遵守规则要求，先移动再垫球，抛球到位，划定区域，及时轮换进行。

教学实践9：十字移动步法练习（见图4-31）

练习方法：学生站在横线上，听教师或同伴口令后，迅速做出移动步法，并结合垫球动作一起进行，8～10次后互换。

应用目标：掌握移动步法运用和垫球动作的结合，熟练步法，加强运用能力，提高预判和快速反应能力，增强练习的兴趣。

实际操作：教师用彩色即时贴，贴出一条横线和两个十字，教师或同伴口令为"左移动""复位""右移动"等随机进行。

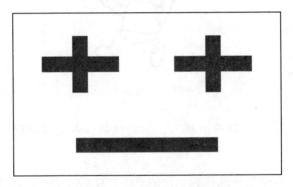

图4-31　十字移动步法练习

运用要点：按照规则要求移动到位，快速反应，动作规范，姿势正确，抛球要准，垫球要稳，配合默契，相互纠正提示，及时轮换，准确做出预判。

教学实践10：叫号接球练习（见图4-32）

练习方法：学生每10～12人为一组，每组一个排球，每名队员都有固定的标号（1～12），围成一个直径为6米的圆，按照逆时针进行慢速跑动，中间一人持球，在喊出号码的同时，将球向正上方抛出，被叫到号码的同学迅速到中间接球，抛球的同学跑回自己位置，依次轮换进行。没接住球的同学持球快速做两个蹲起跳。

应用目标：提高快速反应能力，奔跑能力，对球的控制力。

实际操作：讲清规则后，学生可尝试原地叫号接球，而后进行行进间的练习。

运用要点：口号清晰，声音洪亮，抛球高度不得低于3米，尽量直上直下，先喊接球同学号码再抛球，抛球后及时回到队伍中去。

图4-32　叫号接球练习

教学实践11：折返跑心肺耐力练习

练习方法：学生四人一组，利用排球场上的线，从一端线处起跑出发，到达第一条线后触线返回，再触起点线而后逐个到达场地上的每条线，以此往复进行。也可依据学生情况先一人触及另一端线，返回后牵手第二名同学再进行折返，直至最后四名学生共同完成。

应用目标：发展心肺耐力和快速启动能力，以小场地完成耐力学练，上下肢结合协同心肺耐力共同发展。

实际操作：学生依据四人情况，一般耐力最好的先跑，以此类推，因材施教又兼顾发展，既提高了学生锻炼的密度和强度，又增强了学生锻炼的兴趣，在团队中使学生受到提升。

运用要点：匀速跑进，减速和加速有节奏，发挥协商共进的团队精神，相互鼓励，协同发展，遵守规则，排兵布阵，借助乾坤圈共同跑进更好。

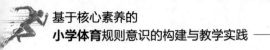

教学实践12：垫球接力赛练习

练习方法：学生分为人数相等的6~8组，一名学生垫球行进，到固定点后持球跑回，将球交给第二名同学，依次进行。

应用目标：进一步巩固学生对球的控制，提高学生的球性，以接力的形式进行，激发学生的练习兴趣，发展学生的上下肢协调能力。

实际操作：垫球行进中，若球落地，拾回球后从落地处继续进行，传递球时不得抛球。

运用要点：遵守规则，按顺序进行，脚步移动要快，身体重心要跟上。

乒乓球、羽毛球等教学实践和规则意识构建

1. 乒乓球教学特点

乒乓球作为我国的"国球"，其普及相对于其他项目有很好的大众基础和良好的社会认同度，其运动区域相对较小，城乡固有的场地器材应用率较好，健身俱乐部和乒乓球专门的活动场所分布均衡，相应的各级各类乒乓球比赛、联赛、巡回赛、表演赛等宣传幅度较大，乒乓球的比赛结果和乒乓趣事成为人们茶余饭后关注的话题。乒乓球在拓展培训中成为团队培训、团队精神、凝聚力提升的首选项目。乒乓球运动具有活动空间相对较小、比赛用球小、瞬间变化多、回合技术性强、速度快等特点，不仅集健身性、娱乐性和竞技性于一身，还要求参与者在场上凝神聚力于瞬间，观察球的方向、旋转方式、速度以及落点，并立即做出正确的判断，移动脚步到位，做出相应的动作。

乒乓球是一种有氧运动。经常参加乒乓球运动，从人体系统功能分析，不仅能帮助人提高新陈代谢的能力，还可以提升人体呼吸系统的功能，改进循环系统的功能，改善心肌供血功能，增加心脏容量。从个体素质角度分析，乒乓球运动有利于积极发展人体的灵活性、快速反应能力、速度与力量、上下肢协调性。从情感角度分析，乒乓球运动能够培养学生积极乐观的情感和顽强拼搏的精神，集体主义和团队精神。综合来看，经常参加乒乓球运动有益于发展肌肉的各种能力和提高内脏的适应能力，提高神经系统的机能，达到锻炼全身的目的，所以常常被人们誉为提高眼手配合能力的"最佳运动"。从参与者角度分析：乒乓球运动对参与者的总体素质要求不高，不管是个体身体素质还是活动场地及使用器材。

在实际的训练及比赛中，乒乓球运动的快、准、狠、变是取胜的关键性因素。乒乓球运动是以技能技巧性为主、体能素质为辅的技术技能型运动，同样属于隔网对抗性的项目。因此技术技能的运用在此项运动中占有很重要的地位。技术技能的提升往往能够加深对项目的理解，文化知识的提升反过来能够促进技术技能的水平加速提升。

乒乓球运动对于速度的要求非常高，每一拍击球都要求将力量通过球拍传递到球体之上，使球携雷霆之势突破对方的防守。乒乓球运动中既有速度的改变、力量的变化、旋转的不同和组合，又有路线和落点的千变万化，它是一项充满智慧、手脚协调并用、斗智斗勇与乐趣横生的竞技性体育运动，特别是对儿童青少年身体发展和心理发展有积极的促进作用。再加上其项目不受年龄、性别和身体条件的限制，老少皆宜，妇幼均可，在健身运动方面具有很高的锻炼价值，所以深受儿童青少年的喜爱。

回顾世界乒坛名将的运动成才之路：我国现役或退役不久的优秀乒乓球运动员如张继科、马龙、刘诗雯和丁宁在五六岁的时候就开始接受较为正规的专业训练，深受中国人民喜爱的日本球员福原爱也是在这个年纪开始进行训练，他们在乒乓球运动方面均表现出了"少年成才"的特点。孔令辉和刘国梁指导也是在12岁时就进入了国家队。所以，乒乓球运动在小学阶段开展，符合学生的身心发展特点，顺应项目特征，深受学生的喜爱和家长的支持，具有较好的大众基础。

然而在国际大赛视野下，中国乒乓球一直以来可谓是"一枝独秀"，称霸世界，鲜有对手，往往都是团队夺冠，一路横扫。这与乒乓球运动的群众基础密不可分。乒乓球不论是作为一项强身健体的活动还是作为竞技体育运动项目，都有着十分广泛的群众基础。

在学校体育中，乒乓球不仅可以有效丰富学生的课余生活，还能够使学生的快速反应能力、身体的协调能力得到进一步发展，同时可以看到乒乓球运动在培养学生良好体育运动习惯上发挥着积极的作用，获得了青少年的广泛青睐。其参与者的自信心、自制力、思维能力、应急能力、协调能力等身心素质得到提升。所以，有人戏称乒乓球是"聪明人的运动"。

2. 乒乓球教学规则意识的构建与评价

其主要规则构建是：小学乒乓球教学主要的规则是了解发球、接发球、阻挡、重发球、回合等基本的专业术语，并知道其合理的运用。例如，发球时，抛球应垂直上抛，球离不执拍手高于16厘米，且不得低于球台的水平面，不得在端线以内，抛起的球不得旋转，不得遮挡；单打比赛发球的轮换，双打比赛的接发球顺序等；在小学阶段的教学中，必须使学生了解和掌握基本的乒乓球规则，在动作的初始阶段、熟悉球性、认识乒乓球的教学可适当简化规则，如发球抛起的高度、连续推挡球的次数等。先从激发学生的兴趣入手，逐渐把规则完善到教学中。

乒乓球的教学途径：学生一般都是在教师或观看到的动作示范以及相关动作视频及知识了解的基础上来进行学练的。依据相关的示范来进行模仿练习尝试，寻求适合自身合理的实用技术，逐渐认识和掌握乒乓球运动的相关组合或单个技术动作。在小学阶段的教学中，学生对相关技术动作的理解与掌握并未得到深化，对球的理解和认识会随着思维的提升而加强，对于合理的技术动作概念比较模糊，无法用语言进行阐述和描述，也就更无法理解技术动作的具体发力时机与自身力量大小的控制，具体相关技术动作的运行轨迹及击球板型，手臂上肌肉的运动感知能力和合理有效的控制力还有很大的提升空间，只能在一遍遍的机械模仿中逐渐体会、思考不必要的动作与失误的原因，在实践中逐步形成下意识的行为。所以，在小学阶段的教学中，教师要依据具体技术动作的要领内容，先以正确的示范给学生正确的表象，而后将技术动作进行细化分解，适当精讲动作要领，让学生能够对即将学习的技术动作产生表象认知，知其然，更知其所以然。使学生充分地从乒乓球运动技术的感知理解进而转变为对运动技术概念的理解；从基于对运动概念知识的理解进而转变为对运动技术、技巧的学习和掌握；让学生能够更加快速地学习并合理地使用乒乓球相关组合或单个技术动作，并能够掌握其具体的动作过程和动作要领，进一步提升对乒乓球运动的理解和投入度，增强其自主学练的动力，提升课堂教学的效果。

在信息技术飞速发展的今天，网络的教育作用不可忽视，你想要的，基本"百度"均可满足。使用教学图片、网络视频为学生进行具体动作的完整示范、慢动作回放；声音和图片动作相配合，动态和静态动作相结合；动作要领的详细与精要讲解、练习的注意事项、易犯错误的纠正、练习提高的手段和方法——应有尽有。利用动画剪辑技术对乒乓球教学中重难点技术动作进行分析和编辑，能够对乒乓球运动中的重难点技术进行逐步分解，在教学中通过慢放或者动作定格的方式，让学生通过声音和图像对乒乓球技术有更加形象、直观的了解，激发学生学习的兴趣和提高教学的效率。

这样能够使学生对乒乓球学习的技术动作产生初步认知与理解，由榜样引领，视频督促，对比提高。学生有目标追赶，油然而生对自我的要求，内化为行动上的追求。结合规则意识的不断灌输，自我评价和互评、技评、师评的有效结合，逐步形成优质高效的课堂教学。

国内外对于乒乓球的技术教学有着很高的研究，如2021年2月《广州体育学院学报》第41卷第1期中山大学新华学院体育系丁建敏、陈昌教授所写的《基于金泰尔动作技能分类法对乒乓球正手攻球技术教学的研究》，对于我们的教学有很大的借鉴作用。

结合金泰尔动作技能分类法，可以将乒乓球运动技术的特征表现为：调节条件是运动的、调节条件之间是变化的、运动过程中身体是移动的、动作技术具有操纵性（见表4-1）。

表4-1　乒乓球基本技术在金泰尔二维分类法视角下的特征表现（借鉴）

分类法技能维度	特征表现	乒乓球技术表现
环境背景维度	调节条件变化	对不同的方向、速度、力量、落点来球做出适宜的反应
	存在尝试间变化	根据对手情况、技战术特点采用不同的技术方案
动作功能维度	身体移动	在快速移动过程中准确地选择最佳的击球位置
	有操纵性	打出不同的方向、速度、力量、落点的球

正手攻球是乒乓球运动中常用的技术动作，是小学阶段学生训练与比赛常用的得分手段，可为将来学习正手拉弧圈球技术打下良好的基础。对于正手攻球的教学，参考已有的研究成果，利用金泰尔二维分类法，可以为我们提供较好的借鉴，教师教授正手攻球技术如下（见表4-2）。

表4-2 金泰尔动作技能视角下乒乓球正手攻球技术的教学（借鉴）

对应项目	动作功能			
	身体稳定性		身体移动	
	无操纵	操纵	无操纵	操纵
环境背景：固定调节条件，无尝试间变化	1A 身体稳定，无操纵，调节条件固定，无尝试间变化。 *原地徒手做正手攻球的动作练习	1B 身体稳定，操纵，调节条件固定，无尝试间变化。 *持拍做正手攻球的动作练习	1C 身体移动，无操纵，调节条件固定，无尝试间变化。 *结合步法在移动中徒手进行的正手攻球动作练习	1D 身体移动，操纵，调节条件固定，无尝试间变化。 *结合步法在移动中持拍进行的正手攻球动作练习
环境背景：固定调节条件，存在尝试间变化	2A 身体稳定，无操纵，调节条件固定，存在尝试间变化。 *徒手做不同线路（直线、斜线）的正手攻球动作练习	2B 身体稳定，操纵，调节条件固定，存在尝试间变化。 *持拍做不同线路的正手攻球动作练习	2C 身体移动，无操纵，调节条件固定，存在尝试间变化。 *结合步法在移动中徒手进行不同线路的正手攻球动作	2D 身体移动，操纵，调节条件固定，存在尝试间变化。 *结合步法在移动中持拍进行不同线路的正手攻球动作练习（有球状态下）
环境背景：运动调节条件，无尝试间变化	3A 身体稳定，无操纵，调节条件变化，无尝试间变化。 *与教练员徒手对练正手攻球，线路固定	3B 身体稳定，操纵，调节条件变化，无尝试间变化。 *持拍与教练员对练正手攻球，线路固定	3C 身体移动，无操纵，调节条件变化，无尝试间变化。 *根据不同线路与教练员进行移动中徒手对练正手攻球练习	3D 身体移动，操纵，调节条件变化，无尝试间变化。 *根据不同线路与教练员进行移动中持拍对练正手攻球练习（有球状态下）
环境背景：运动调节条件，存在尝试间变化	4A 身体稳定，无操纵，调节条件变化，存在尝试间变化。 *与教练员徒手对练正手攻球，线路不固定	4B 身体稳定，操纵，调节条件变化，存在尝试间变化。 *持拍与教练员对练正手攻球，线路不固定	4C 身体移动，无操纵，调节条件变化，存在尝试间变化。 *在比赛的情况下以不同线路练习移动中徒手的正手攻球	4D 身体移动，操纵，调节条件变化，存在尝试间变化。 *在比赛的情况下练习正手攻球

　　注：金泰尔二维分类法的原稿中并没有数字和字母，为了便于查找和理解不同难度的技能分类，此处用字母和数字分别对技能类别进行了标示，字母A～D代表动作功能维度的四个子维度，数字1～4代表环境背景维度的四个子维度。

　　由表4-2可知：正手攻球技术的教学顺序，依据其动作结构特征。可以按无球原地徒手模仿正手攻球动作练习、无球持拍模仿正手攻球动作练习、连续几次有球模仿正手攻球动作练习、与教师或同伴对练正手攻球动作练习以及比赛时正手攻球练习等方式逐步进行练习和体验。依据表4-2所示，其中无球原地徒手模仿正手攻球动作练习的调节条件固定、无尝试间变化、身体稳定、无操纵。无球持拍模仿正手攻球动作练习调节条件固定、无尝试间变化、身体稳定、有操纵。与教师对练正手攻球动作练习调节条件变化、存在尝试间变化、身体稳定、有操纵。比赛时正手攻球练习调节条件变化、存在尝试间变化、身体移动、有操纵。有层次性、渐进性地逐步提高学生的动作技能。

　　乒乓球作为一项学校体育常态化普及性的运动，在小学阶段的教学中，如果一开始以正确的基本动作技术与规范的要求作为训练的目标和出发点，往往会起到适得其反的作用。忽视对学生的身心发展和年龄、素质敏感期等综合素养的特征的研究，会使学生练习偏离正确的方向和目标。在实际的教学过程中，简化对动作技术的要求，首先要做的是引起学生的兴趣，进行简单的规则要求，有强调基本的持拍方法的要求，通过一系列的颠球、台上击球，配合相应的步法体能练习，使学生喜欢乒乓球运动后，再结合规范的动作视频、教师示范、图片展示、动作慢放等进一步吸引学生的兴趣，激发其内在的自我追求，形成自觉的动力。结合乒乓球运动速度快、球桌小、击球频率高的特点，就反应能力和应变能力进行一定的体能练习，进一步提升学生的大脑反应速度和神经系统的协调能力，在条件的刺激下促进血液循环和大脑良性发育，进而改善人体的各项机能。

3. 几种操作性较强的教学实践

教学实践1：对墙连续击球（见图4-33）

练习方法：一人一球，持拍对墙击球，先近距离后较远距离进行。亦可采用对地击球反弹到墙，击墙反弹球练习。

图4-33　对墙连续击球

应用目标：熟悉球性，了解拍与球的关系，掌握手腕用力的大小，认真地观察球反弹的路线，正确地预判，增强空间感、肌肉对力量的控制能力、快速的反应能力，积极移动到位，巩固移动姿势与步法，随球做出正确的反应。

实际操作：学生先从下往上托击球练习，球拍稍后仰，正面将球击向墙面，球反弹后再次正面将球击向墙面，如此反复练习，相对熟练后适当拉长距离练习。可采用击球规定时间比多，一次性击球比多，闯关，挑战赛，一对一互教互学，最佳二人组等形式进行练习。

运用要点：将墙作为假想敌，先掌握移动姿势，无球模仿等练习后分组进行有球练习，相对熟练后控制球每拍击墙点、反弹弧线的落点，先正手练习，后进行反手练习。控制好击球的力度，力度适当可连续击打练习。练习时由慢到快、由近及远进行。

教学实践2：正反手颠球连续转换练习

练习方法：学生持拍把球放在正手拍胶皮上，在球不落地的情况下，快速用反手接住，往返重复。

应用目标：巩固正确持拍姿势，进一步熟悉球性，增强手腕的灵活性，增强手腕的控制能力，提高手感，激发兴趣。

实际操作：可让学生先用球拍的一面在保障没有外力帮助下使球动起来，而且不得从球拍上掉下来；原地不动地颠球、行进间托球接力、一步一颠球行进接力、二人一组竞速；过渡到正反手轮换颠球、原地—行进间颠球练习。

运用要点：学会手腕力量的控制，颠球的高度适中，掌握球拍角度的控制，不断改变练习方式及规则要求，力量要均匀，循序渐进，激发兴趣，寓教于乐。

教学实践3：击一定高度的吊球练习（见图4-34）

练习方法：练习者两人一组，一人持球拍按照击球动作击打一定高度的吊球，另一人观察纠错提示，轮换进行。

图4-34　击一定高度的吊球练习

应用目标：提高学练的密度和强度，巩固动作，体验发力顺序，及时地预判和移动，做好准备姿势。

实际操作：吊球的高度保持在84～90厘米，学生随球的摆动前后移动击球，快速移动到位。

运用要点：注意力集中，移动及时、到位，动作舒展，发力顺畅。

教学实践4：弹力软轴乒乓球训练器练习（见图4-35）

练习方法：学生持拍面向弹力软轴乒乓球训练器，运用所学的动作对乒乓球训练器进行击打，注意控制击球力量和触球位置。轮换学练。

图4-35　弹力软轴乒乓球训练器练习

应用目标：提高击球动作质量，连续学练形成肌肉记忆，体验上下肢协调用力，准确预判，及时移动，提高学练的兴趣，增加练习的密度和强度。

实际操作：学生两人一组，一人练习，另一人观察纠错提示，重复1~2分钟后进行轮换练习。

运用要点：连贯动作，及时复位准备姿势，注意击球手形和步法的配合，及时快速地移动，正确地预判。

教学实践5：简易乒乓球对打训练器练习（见图4-36）

练习方法：利用平板制作简易的乒乓球对打训练器，模拟击球后的落点和反弹，进行组合学练。

图4-36　简易乒乓球对打训练器练习

应用目标：提高个体乒乓球球性，增强学练的密度和强度，提高学练的积极主动性，提高控制乒乓球的能力，有效开发在小空间进行锻炼的意识，拓宽教学资源。

实际操作：将有弹性的PC板材或废旧台面进行裁剪，二次利用，以金属杆进行支撑，模拟乒乓球学练中的间距，依据球性适当移动，进行个人基本能力的练习。

运用要点：缩小距离，熟练后增加间距，控制击打力量，利用反弹球练习。

教学实践6：一喂球一击球练习

练习方法：学生2~4人一组，一人负责喂球，其余三人轮换进行击球学练，及时轮换喂球人。

应用目标：体验手腕发力和灵活性，还原动作要快，击球发力顺序流畅合理，准确预判，快速反应，脚步移动及时到位。

实际操作：学生2~4人一组，在乒乓球台上做一喂球一击球练习，喂球人把球送到固定区域，击球人快速移动迎球击打，连续8~10次进行轮换。

运用要点：准备充分，做好预备姿势，快速反应移动，用力顺畅。

教学实践7：攻球手抓球练习

练习方法：两人一组，一人发下台长球，另一人徒手做出攻球或拉球动作，并用手抓住球，轮换往复进行。

应用目标：提高攻球或拉球的动作质量，体会攻球或拉球时手指和手腕瞬间的动作，在保证撞击的前提下增加摩擦。

实际操作：从正手位开始进行练习，先做徒手动作，再做固定落点的有球动作。

运用要点：准备姿势准确，精力集中，移动及时到位，动作不变形，手指抓球动作稳、准。

教学实践8：正反手击球移动步法配合练习

练习方法：喂球者一左一右（或固定发球机）固定区域落点喂球，练习者以步法左右移动，正反手击球。

应用目标：初步掌握正反手攻球的动作，体验正反手攻球的发力顺序。练习中由固定单一线路的落点击球练习过渡到多线路的移动击球，快速地启动、还原，正确的步法，击球的准确度；锻炼学生的反应能力和综合应用能力。

实际操作：采用多球连续变换落点练习，每人练习20次后轮换往复。

运用要点：移动到位快速，准备姿势正确，步法移动无误，还原动作要快，预判准确，击球手法准确，常规步法和应急步法的选择与应用正确，击球移动连续性较强。

教学实践9：左右随机抛接球练习

练习方法：两人面对面站立成一组，一人随机向另一人左右抛球，另一人反应接球，每人20次后轮换进行。

应用目标：模拟实战中对手回球无规律来球的特点，增强学生快速的反应能力，看到抛球第一时间做出预判，并快速做出相应的反应。

实际操作：学生抛球有一定的高度要求，抛球要有弧线，不能有固定的规律，多次之后进行轮换，可采用比一比谁接球的次数多等附加条件和要求的练习。

运用要点：判断准、启动快，两人之间相距一定距离（最少有半张乒乓球台的远度，甚至更远一些）以具有一定的反应，抛球高度适中，出手隐蔽，要有弧度，左右无规律可循。

教学实践10：步法照镜子练习

练习方法：两人为一组用一张球台，从球台的左侧边缘点摸向右侧边缘点，一人当镜中人，另一人当照镜人，镜中人模仿照镜人的动作，亦可用右手摸球台的左侧边缘点，左手摸球台的右侧边缘点。

应用目标：进一步熟练步法的运用，提高移动的反应速度综合素养。

实际操作：交叉步和并步结合练习，照镜人快速做出单一或连贯的动作，注意角色互换，反复练习。

运用要点：动作准确，姿势优美，反应及时，形象逼真，注意安全教育。

教学实践11：定点对墙推挡球练习

练习方法：在墙上画出一定的区域作为学生对墙练习的落点处，学生在规定时间内比一比谁的球落入区域的次数多。

应用目标：掌握推挡技术动作，体验击球发力的顺序，增强球感，提高手腕的发力控制及灵活性。

实际操作：学生可先进行近距离不定落点练习，熟练后适当加长距离进行练习，最后进行固定距离落入靶心积分练习等。亦可结合正反手进行练习。

运用要点：推挡时两脚要与肩同宽或略宽于肩，形成基本的持拍准备姿势，两膝微曲，两肘贴近身体，持拍面向墙，手腕放松，及时根据反弹球落点调整步伐，做好击球的准备，在来球的上升期推挡球，推挡后及时还原准备姿势。

4. 乒乓球的规则发展有关趣事

所谓的乒乓球新赛制主要指的是"大球规则"和"11分制"、无阻挡发球。在比赛过程中使用40毫米直径的乒乓球代替过去使用的38毫米直径的比赛球；11分制则是指在比赛中将过去每局总分21分调整为11分，将九局五胜和七局四胜的规则改为五局三胜和三局二胜，将发球轮换从5个一轮改为2个一轮。而无阻挡发球则要求选手在发球时，将球自然置于手掌上，保持手掌静止、张开，发球时垂直将球向上抛起，球与手掌距离不得低于16厘米，球下降过程中不可触碰其他物体。无阻挡发球体现了比赛的公平性，在运用无阻挡发球时能够让对手看清发球员的动作，判断球的旋转方向，为接球做好准备。

在第28届世乒赛之前，中国山西省的一名选手发明了合力发球，并在全国比赛中取得了不错的成绩，中国乒乓球队看到了此发球的威力，立刻选调这名选手到国家队，为国家队队员做示范动作，并将此发球的技巧传授给每名主力队员。其中削球手王志良对这种合力发球的特点领悟最深，逐渐掌握了这门技术。在国际比赛中使用此项发球技术时，由于外国运动员的不适应，几乎达到了发5个球对方"吃"5个球的程度。但是国际乒联在第28届世乒赛之后出台了新规定：当球从抛起的最高点下降时，发球员方可击球。

从1984年1月1日起，国际乒联执行在国际比赛中球拍两面必须不同颜色和发球不准跺脚等新规定。此项规定使蔡振华等优秀选手的实力受到了很大的影响。但是中国乒乓球队的教练和队员们没有对此规则产生抱怨的情绪，而是在训练中不断地找出规律来适应新规则。针对发球规则的改变，中国乒乓球队在训练中专门安排发球练习时间，并把发球与接发球结合起来进行练习，迅速提高了发球质量和接发球技术。针对球拍规则的改变，中国队在训练中重点加强了相持球的训练，使队员的相持能力得到了提高。在新规则执行后的第一次世乒赛上，中国队获得了6项冠军，受此规则影响最大的蔡振华获得了混合双打冠军。但是同以上规则的改变程度相比，国际乒联从2000年至2002年的3年中，对乒乓球规则出台了三项更加重大的改革：2000年10月1日开始，使用40毫米大球；2001年9月1日开始，执行11分制；2002年9月1日，实行无遮挡式发球。国际乒联推行如此改革的理念是：扩大冠军金牌的覆盖面，增加比赛的悬念，缩小强弱之间的差距，调动各国运动员争夺金牌的积极性，推动世界乒乓球运动的发展，增加乒乓球运动的人口。削弱技战术难度，增加运动的击球数量，提高观赏性，吸引赞助商的投入和社会的支持。新的改革过程从某种意义上说，对保持世界竞技领先地位的中国乒乓球队是一次严峻的考验和挑战，是不利于中国队的，是将中国队的特长、有利于中国队夺取优势的东西"推倒了重来"，迫使中国乒乓球队进行新的创新和思考。随着乒乓球运动的发展，乒乓球运动规则也会不断地修改。

羽毛球教学实践和规则意识构建

1. 羽毛球教学特点

羽毛球是一种较为典型的隔网对抗性运动项目。相对于贵族运动——网球，羽毛球运动具有独特的个性运动魅力：其运动的方式和要求不高，场地的空间和限制较少，更是对于对战双方的身体素质及技术水平的要求较低，甚至无网均可进行一定的锻炼。羽毛球动作技术发展的上限有相当高的水准。因而对于全面发展的小学生来说，既可以把羽毛球作为身体锻炼、放松身心、调整状态的良好运动形式，也可以为将来专业的运动训练及终身兴趣爱好打下良好的运动基础。总体来说，羽毛球运动具有良好的群众基础，深受人民的喜爱，条件较好的城镇、学校均有一定数量的羽毛球场地、场馆。各种兴趣团体、俱乐部遍布各处。归纳羽毛球运动，有如下两个方面的特点。

（1）因为是对网对抗，所以羽毛球项目的身体对抗性可以得到良好的控制。具体分析为：一方面，羽毛球的对战双方被球网分隔，这使得项目进行的过程中发生身体接触碰撞而受伤的概率降低；另一方面，羽毛球运动的活动量、激烈程度可以根据对战双方的年龄、性别、身体素质以及场地、外界环境等进行灵活调整，个人应注意正确判断自身身体状况、体力储备等，减少发生应力损伤或疲劳的可能性。

（2）羽毛球运动有较强的自由性、自主性、选择性、娱乐健身性。在运动时并不需要非常标准的场地，对于边线、网等的限制在没有硬性规定的要求下可有可无，在操场和公园等处所，只要有一片空旷、无安全隐患处，就可以成为进行羽毛球运动的场地；在活动时对于参加羽毛球运动的人数没有明确的必须限制，二对二、一对一对战是规范打法，二打一亦可。运动参与者的多少和运动的参与方式、规则变化等也会对游戏乐趣产生不同的影响。

2. 羽毛球教学规则意识的构建与评价

其主要规则构建是：作为隔网进行的体育运动项目，其规则修改的目的大多是顺应时代的发展、观众的观赏性、项目的美感、电视台转播的需求、激烈的比赛场面、视觉的效果等。项目本身由稳、慢发展到快、准、狠；由稳定增加了获胜的偶然性等改变。羽毛球项目自1873年产生以来，其项目规则已进行了多次的修改和补充。特别是2000年以来，随着信息技术和多媒体技术的发展，多种呈现方式的出现，人们足不出门就能看到正在进行的比赛，对比赛的要求和项目的普及越来越高，规则的改变成为必然。首先2000年11月，世界羽联将羽毛球规则的发球得分每局设置为15分制，同时就三局两胜制短暂改为发球得分制，每局7分制，采用五局三胜制。可以看出，规则中的局数、分数一直在变化。2002年，世界羽联恢复发球得分每局15分制，三局两胜制。2006年，世界羽联第一次将持续百年历史的发球得分制赛制改为21分直接得分赛制；增加了技术暂停等规则；同时取消了双打的第二发球权、平分后的加分赛。最新规则为：每局双方打到20：20，比分平分后，任何一方领先2分即算该局获胜；如若双方打成29：29平分后，一方领先1分，即算该局取胜等。

而在小学的羽毛球教学中，顺应项目的规则发展，在基本动作和移动姿势正确的前提下，以游戏化的教学，简化规则，共同协商规则，并执行规则，不断地修改和改进符合发展的规则，使所用的规则逐步向完整竞赛规则靠拢。

3. 几种操作性较强的教学实践

教学实践1：颠球比多练习

练习方法：学生分为人数相等的4～6组，每组中每两名学生为一小组，做持拍向上颠球动作，二人一次性颠球的个数即为本小组的个数，最后全班成绩最好的小组进行展示。

应用目标：激发学生对羽毛球学习的兴趣，提高学生对球的控制力、上下肢协调用力等。

实际操作：组织形式可以为原地的颠球比多、行进间的颠球接力、行进间的托球竞速等。

运用要点：制定相应的规则要求，严格按照规则进行游戏比赛，强化规则的执行力。协商相应体能加油形式和执行方法，按规则进行，裁判公平公正。

教学实践2：掷球比准练习

练习方法：学生分为人数相等的8～10组，相对应的组别进行裁判和统计监督，每人10个羽毛球，投进距离3～4米的球筐内，最后以小组总成绩进行统计，轮换进行。

应用目标：感受羽毛球技术的准确性，尝试发力的顺序及对动作的控制，提高教学的趣味性。

实际操作：以羽毛球场地的端线为持球投掷线，把球筐放置到后半场场地的中间位置，可采用抽签的方式进行淘汰赛或晋级赛。

运用要点：制定具体的规则，严格按照规则进行游戏比赛，强化规则的执行。

教学实践3：对网球不落地练习

练习方法：学生分为人数相等的8～10组，每组选择一人到另一组进行裁判和统计监督，每组学生两两相对，以对网击球保持不落地，统计击球次数，落地后即换另一组依次进行。最后以组内累计总数最多的小组获胜。

应用目标：提高学生的击球能力、手腕和机体对肌肉的控制能力、同伴之间的协作能力、移动跑位步法运用能力、预判和快速反应能力等。

实际操作：击球同学可以击打并依次喊出相应的次数，对网进行或无网进行固定运动击球。

运用要点：反应迅速，移动及时到位，姿势步法正确流畅，击球拍形正确，击球后缓冲合理，还原准备动作按部就班。

教学实践4：捞球练习

练习方法：学生分为人数相等的8～10小组，每两个小组两两相对，相距一定距离，面对面的小组互为裁判进行监督和统计，教师统一口令进行行动。在规定时间内，进行羽毛球拍捞起地面上羽毛球个数的积分赛。

应用目标：熟悉球性，提高手腕的力量和灵活性以及对器械与肌肉力量的控制能力。

实际操作：面对面进行，划定捞球的固定区域，商定捞球比赛的规则和时间。

运用要点：教师统一执行时间，两组协商相应体能加油形式和执行方法，按规则进行，裁判公平公正。

教学实践5：掷球跑游戏

练习方法：学生分为人数相等的5～6队，每队分为两个小组，一组同学持羽毛球，该小组组长发令，当发出"预备"口令后，另一小组成员做出站立式起跑姿势，手持羽毛球拍准备接抛出的羽毛球，当组长发令后，持球同学用力将球往另一小组正前方掷出，持拍同学正确用拍接住羽毛球。依次轮换，重复3～4次后统计接住羽毛球的次数。

应用目标：发展反应能力，快速奔跑能力，手脚并用的协调能力，全神贯注的注意力。

实际操作：一组同学在前，持球同学在其身后保持1米的距离听口令统一掷出并记录接住羽毛球的人次，汇总给小组长。

运用要点：连续3～4次进行，抛球保持一定的弧线和远度。制定相应的规则，惩罚体能加油站的形式等在活动前协商，强化执行力。

教学实践6：挑球积分练习

练习方法：学生分为人数相等的5～6队，每队分为两个小组，每小队占据一定的场地，每组选择一名认真负责的学生到另一组进行裁判和统计工作。当听到教师发出统一口令后，各小组学生依次在场地内挑球到空中，球落地后进行总数统计，挑球数量最多的小组获胜。

应用目标：提高正反手挑球的能力，手腕和肌肉对力量的控制力；掌握正确的发力顺序，挑球位置及触球部位；准确地判断，移动及时到位的步法练习，团队之间的协作。

实际操作：注意间距，统一口令进行，一次性挑球，落地即为本次比赛结束，小组成员依次进行。

运用要点：判读球的落点，正反手结合运用，移动及时，提前预判，合作共赢，学会控制手腕和肌肉的力量。

教学实践7：发球入筐积分练习

练习方法：学生分为人数相等的4~6组，各组分别在场地的端线站立，在每个端线处放置1~2个球筐，听统一口令后学生依次往对面球筐内发球，每人发球个数为5个，全组发球结束后统计落入球筐的羽毛球个数。最后总数最多的组获胜。

应用目标：提高发球的准确性，掌握标准的发球动作，在团队中、比赛游戏中提升个人能力。

实际操作：相对两组，一组先发球，统计后另一组进行发球；也可设置一定高度的横绳，要求学生发出的球不得越过横绳，给予一定的条件限制。

运用要点：明确先后顺序，制定相应的规则要求，严格执行规则，可协商球筐位置或增加球筐个数等，以增加练习的趣味性。

教学实践8：发球落点定区域积分练习

练习方法：学生均分为4组，男女组分别进行，一组成员轮流发球，见习生和裁判依据落球点判断积分，发球组站在端线后每人依次发球，以四轮积分最多的组获胜。

应用目标：提高发球的准确率，巩固提升发球动作质量，在兴趣中培养团队精神。

实际操作：发球落点区域依照九宫格的形式以彩带划定，每个格子赋予一定的分值，以实际落点得到相应分值。落在格子上的球以相邻分值高的进行计分，区域外不得分，累加积分（见图4-37）。

3	2	3
2	1	2
3	2	3

图4-37 羽毛球九宫格落点分值图

运用要点：每次每人发球4次，依次进行，发完球后迅速到排尾站队循环，另一组同学负责捡球计分，并将球从场地外侧运送到发球组成员手中。

4. 羽毛球的发展有关趣事

在羽毛球运动中，有一个特殊的群体——左手将。除了自身天赋异禀以及后天挥汗如雨、刻苦勤奋训练之外，他们获得成功也跟左手持拍反应时间较短有着不小的关系。在大部分运动员都是右手持拍的情况下，左手将在球路上的独特性，思维方式上的不同，让对手很不适应。细数我国羽毛球运动中左手持拍的运动员，有"超级丹"林丹、傅海峰、汪鑫、赵剑华、杨阳等人。